ESCRITOS DE UM
JURISTA MARGINAL

H548e Herkenhoff, João Baptista
Escritos de um jurista marginal / João Baptista
Herkenhoff. – Porto Alegre: Livraria do Advogado
Ed., 2005.
146 p.; 14 x 21 cm.

ISBN 85-7348-347-4

1. Direito - Ensaios. I. Título.

CDU - 34

Índice para o catálogo sistemático:

Direito - Ensaios

(Bibliotecária responsável: Marta Roberto, CRB-10/652)

João Baptista Herkenhoff

ESCRITOS DE UM JURISTA MARGINAL

livraria
DO ADVOGADO
editora

Porto Alegre, 2005

© João Baptista Herkenhoff, 2005

Capa, projeto gráfico e composição de
Livraria do Advogado Editora

Revisão de
Rosane Marques Borba

Direitos desta edição reservados por
Livraria do Advogado Editora Ltda.
Rua Riachuelo, 1338
90010-273 Porto Alegre RS
Telefax: 0800-51-7522
livraria@doadvogado.com.br
www.doadvogado.com.br

Impresso no Brasil / Printed in Brazil

Sumário

Apresentação 7
1 – Liberta porque será mãe 9
2 – Idade para ser Juiz 12
3 – Missão social do advogado 15
4 – Direito a sepultura 18
5 – Aborto: o existencial suplanta o jurídico 21
6 – O que é justiça? 26
7 – Justiça aberta 29
8 – Direitos humanos e cultura brasileira 32
9 – Guarda do filho de Cássia Eller 35
10 – O preso e o direito ao trabalho 37
11 – Concursos públicos, ética, cidadania 40
12 – Direito humanitário 43
13 – Futebol e cidadania 46
14 – Justiça para os pobres 48
15 – Direito e Psicanálise 51
16 – Um negro no Supremo 56
17 – Direito alternativo 59
18 – Responsabilidade penal de menores 62
19 – TV e rádio devem cumprir seu papel educativo 66
20 – Celebrar a anistia 69
21 – Deve a justiça ser controlada? 72
22 – Sociedade civil e crime organizado 76
23 – Direitos humanos, equívocos a corrigir 79
24 – Fraude em adoção de criança? 82
25 – Condenação e direitos políticos 85
26 – Carnaval e cidadania 88
27 – Súmulas vinculantes 91
28 – Cidadão consumidor 95
29 – Juízes de antigamente 98
30 – Os sete meninos do Rio 102
31 – Trabalho e retrocessos 105
32 – Os poderes sob julgamento 108
33 – Racismo e direitos humanos 110
34 – Tribunais de contas: úteis ou inúteis? 113
35 – Lula e o Poder Judiciário 116

36 – Voto consciente 119
37 – Rebeliões e falência dos presídios 122
38 – De médico e louco... 125
39 – O samba da Mangueira exalta a paz 128
40 – Meu professor de Direito Romano 131

Entrevista: Legitimidade dos movimentos sociais 137

Livros do autor, com registro das sucessivas edições 142

Referências bibliográficas 144

Apresentação

Num mesmo momento, lanço dois livros – *Escritos de um jurista marginal* e *Escritos marginais de um jurista*. São livros gêmeos, não apenas porque nascem juntos, mas também porque há um liame que os une na concepção.

Ambos são livros marginais, embora o adjetivo "marginal" não esteja empregado no mesmo sentido, numa obra e na outra.

Em *Escritos de um jurista marginal*, o adjetivo (marginal) qualifica o substantivo "jurista". O jurista é que se define como marginal. Assim, *Escritos de um jurista marginal* são escritos de um jurista divergente.

Em *Escritos marginais de um jurista*, o adjetivo (marginais) qualifica o substantivo "escritos". Os escritos é que são marginais. Ou seja: *Escritos marginais de um jurista* são escritos que se colocam à margem da produção habitual do jurista. São escritos nos quais o autor, embora jurista, trata de temas que, em princípio, não são jurídicos, ainda que possam apresentar pontos de ligação com o Direito.

Marginal tem aqui o sentido que lhe dá Cláudio Souto, em belíssimo ensaio que publicou na revista *Notícia do Direito Brasileiro*.

Cláudio Souto usou a palavra "marginal" exatamente nesta acepção de "divergente".

Confira-se o trecho em que o vocábulo é empregado:

"Freyre cultuava a tradição, e isso tinha em comum com a Faculdade do Recife. Mas se esse culto pode tê-lo levado a ser conservador em certos aspectos,

---

ESCRITOS DE UM JURISTA MARGINAL

não o conduziu nunca a qualquer conservadorismo acadêmico".

"Academicamente falando, era, ao invés, um *marginal*. Um talentosíssimo *marginal* a provocar mudanças nos estilos intelectuais brasileiros".[1]

Tanto num livro, como no outro, alguns dos textos escolhidos já haviam sido publicados em jornal. Houve hipóteses de publicação em mais de um veículo. Quando isso aconteceu, só é feita remissão a uma fonte.

O registro à fonte primitiva torna-se imperativo naqueles casos em que a consignação da data da publicação originária mostra-se relevante. Num elenco de situações, entretanto, as remissões feitas têm apenas um sentido simbólico.

João Baptista Herkenhoff

Endereços postal e eletrônico do autor:

Endereço postal:
Avenida Antônio Gil Veloso, n. 2.200
Edifício Murano – apartamento 1601
Praia da Costa
Vila Velha, ES
CEP – 29.101-012

Endereço eletrônico: jbherkenhoff@uol.com.br
Homepage: www.joaobaptista.com

---

[1] Cf. Cláudio Souto. *Ciência do direito e ciência social: revisitando Gilberto Freyre em seu centenário*. In: "Notícia do Direito Brasileiro". Nova Série. N. 8. Universidade de Brasília, Faculdade de Direito. 2001.

1 – Liberta porque será mãe

Este texto contém, no seu corpo, o despacho que libertou Edna, a que ia ser Mãe. Esta peça judicial resume minha concepção do Direito. O artigo é aqui transcrito exatamente com a redação que lhe dei quando foi publicado no Jornal do Brasil, na edição de 14 de maio de 2000, segundo domingo de maio, Dia das Mães.

Pode a condição de Mãe fundamentar um despacho de soltura de uma acusada?

Podem ter alma e paixão as sentenças que os juízes proferem?

Sentenças e despachos devem ser frios, eqüidistantes dos dramas tantas vezes presentes nas questões judiciais?

Essas perguntas, pelo que sinto, despertam a curiosidade de muitas pessoas, não apenas daquelas ligadas ao mundo do Direito.

A meu ver, o esquema legal da sentença não proíbe que ela tenha alma, que nela pulse a vida, e valores, e emoção, conforme o caso.

Em várias oportunidades, os jornais têm registrado sentenças marcadas pelo sentimento, pela empatia, sem desdouro para os magistrados que as subscrevem.

Na minha própria vida de juiz, senti muitas vezes que era preciso dar sangue e alma às sentenças. Para que Justiça se fizesse, não bastava a construção racional de um frio silogismo.

Como devolver, por exemplo, a liberdade a uma mulher grávida, presa porque trazia consigo algumas

ESCRITOS DE UM JURISTA MARGINAL

gramas de maconha, sem penetrar fundo na sua sensibilidade, na sua condição de pessoa humana?

Foi o que tentei fazer ao libertar Edna, uma pobre mulher que estava presa há 8 meses, prestes a dar à luz. Dei um despacho fulminante, carregado de emoção e da ira santa que a injustiça provoca. Este despacho, quando a ele me refiro em palestras e cursos, encontra uma resposta tão forte junto aos ouvintes, que cedo à tentação de transcrevê-lo. Talvez a transcrição ajude a responder as indagações que colocamos no início deste artigo. Eis, pois, o despacho:

"A acusada é multiplicadamente marginalizada: por ser mulher, numa sociedade machista; por ser pobre, cujo latifúndio são os sete palmos de terra dos versos imortais do poeta; por ser prostituta, desconsiderada pelos homens mas amada por um Nazareno que certa vez passou por este mundo; por não ter saúde; por estar grávida, santificada pelo feto que tem dentro de si, mulher diante da qual este Juiz deveria se ajoelhar, numa homenagem à maternidade, porém que, na nossa estrutura social, em vez de estar recebendo cuidados pré-natais, espera pelo filho na cadeia.

É uma dupla liberdade a que concedo neste despacho: liberdade para Edna e liberdade para o filho de Edna que, se do ventre da mãe puder ouvir o som da palavra humana, sinta o calor e o amor da palavra que lhe dirijo, para que venha a este mundo tão injusto com forças para lutar, sofrer e sobreviver.

Quando tanta gente foge da maternidade, quando pílulas anticoncepcionais, pagas por instituições estrangeiras, são distribuídas de graça e sem qualquer critério ao povo brasileiro; quando milhares de brasileiras, mesmo jovens e sem discernimento, são esterilizadas; quando se deve afirmar ao Mundo que os seres têm direito à vida, que é preciso distribuir melhor os bens da Terra e não reduzir os comensais; quando, por motivo de conforto ou até mesmo por motivos fúteis, mulheres se privam de gerar, Edna engrandece hoje este Fórum, com o feto que traz dentro de si.

Este Juiz renegaria todo o seu credo, rasgaria todos os seus princípios, trairia a memória de sua Mãe, se permitisse sair Edna deste Fórum sob prisão.

Saia livre, saia abençoada por Deus, saia com seu filho, traga seu filho à luz, que cada choro de uma criança que nasce é a esperança de um mundo novo, mais fraterno, mais puro, algum dia cristão. Expeça-se incontinenti o alvará de soltura".

Edna encontrou um companheiro e com ele constituiu família. Mudou inteiramente o rumo de sua vida. A criança, se fosse homem, teria o nome do juiz, conforme declarou na audiência. Mas nasceu-lhe uma menina que se chamou Elke.

Neste Dia das Mães, onde estará Edna com sua filha?

Distante que esteja, eu a homenageio. Pela tarde em que a libertei, por essa simples tarde, valeu a pena ter sido juiz.

ESCRITOS DE UM JURISTA MARGINAL

2 – Idade para ser Juiz[2]

Este texto discute a questão do amadurecimento, que é fruto da idade, como condição para o exercício da magistratura.
Como em outros textos, o autor sempre procura colocar sua experiência pessoal, sua vivência, ao lado do exame simplesmente teórico dos temas.

Estão em pauta as discussões em torno da reforma da Justiça. Um dos pontos que, a meu ver, merece debate é o da idade mínima para ser juiz.

À primeira vista, pode parecer que se trata de uma questão secundária, imprópria para ser examinada num momento em que estão sendo colocados em mesa os grandes problemas da Justiça brasileira.

Mas não me parece que a matéria seja de pequena importância.

O passar dos anos gera uma presunção de amadurecimento. Sem dúvida, é apenas uma presunção porque as pessoas não amadurecem no mesmo ritmo.

Entretanto, apesar de se tratar de uma presunção, isto não impede que o critério de idade fixe a maioridade civil, a maioridade eleitoral, a responsabilidade penal.

A Constituição Federal estabelece a idade mínima de 35 anos para que alguém possa ser senador. Quer a Constituição que somente pessoas amadurecidas ocupem uma cadeira no Senado da República.

---

[2] Publicado no *Jornal do Brasil*, edição de 28 de janeiro de 2004.

Observe-se, entretanto, que cada senador dá apenas um voto, nas deliberações do Senado. O Senado só decide coletivamente. Já as decisões dos magistrados, salvo nos tribunais, são individuais, solitárias, subordinadas apenas à consciência e à experiência do juiz.

Serão menos relevantes que as de um senador as decisões de um magistrado? É um magistrado que declara alguém culpado de um crime, não é um senador. É um magistrado que decide sobre questões de família, não é um senador. É um magistrado que restaura a honra eventualmente ferida por uma calúnia, não é um senador.

Quando fiz concurso para juiz, no Espírito Santo, a idade mínima para ingresso na magistratura era de 28 anos. Depois essa exigência foi abolida.

Olhando para trás, sinto que, com 28 ou 30 anos, eu não estava suficientemente maduro para ser juiz, embora tivesse competência para o ofício, pois até tirei o primeiro lugar no concurso.

Certa vez, numa de minhas primeiras sentenças, deferi a busca e apreensão de uma criança, requerida pelos pais sangüíneos. Estes, por não se sentirem em condições de criar o próprio filho, "deram" o menino, com menos de um ano de idade, a um casal "adotivo". Tanto os pais de sangue, quanto os pais "adotivos" eram desprovidos de instrução. Fizeram tudo verbalmente, à margem da lei, sem a interveniência do juiz.[3]

Quando o menino havia completado seis anos, os pais de sangue reivindicaram a posse da criança, através de uma ação de busca e apreensão.

Minha decisão, favorável aos pais sangüíneos, foi rigorosamente legal, à luz dos princípios jurídicos vigentes na época. A lei dizia, expressamente, que cabia

---

[3] Essa decisão é relatada em meu livro "Para onde vai o Direito?". Cf. HERKENHOFF, João Baptista. *Para onde vai o Direito?* Porto Alegre, Livraria do Advogado Editora, 2001 (3ª. Edição), p. 20 e seguintes.

ESCRITOS DE UM JURISTA MARGINAL

busca e apreensão, em favor dos pais (biológicos), contra quem detivesse ilegalmente o filho alheio.

Lembro-me até hoje do olhar de horror da criança, quando saiu dos braços de sua Mãe do amor e foi para os braços da estranha que era sua Mãe de sangue. Se pudesse retroceder no tempo, não daria a sentença que dei.

Naquela tarde firmei propósito de que abandonaria a magistratura se não encontrasse caminho para decidir as questões de outra forma. Mas, felizmente, os percalços da vida, os sofrimentos ou, numa síntese, a idade me ensinou a ser juiz.

O inconveniente do exercício da magistratura, por jovens muitas vezes brilhantes, mas sem o crivo da experiência, pode e deve ser corrigido.

3 – Missão social do advogado

Refletir sobre a missão social do advogado é a preocupação desta página, como seu título revela. Mas, na verdade, ao discutir a missão do advogado acabamos por enveredar por outros caminhos. Tratamos, por exemplo, da luta pela sacralidade da pessoa humana, como bandeira de resistência contra a "cultura de massa" que se pretende impor ao povo. Cuidamos dos Direitos Humanos e dos compromissos concretos que decorrem da decisão existencial de optar por essa causa.

Figuras como Rui Barbosa, Sobral Pinto e Heleno Cláudio Fragoso, nem sempre conhecidas pelos jovens como deveriam ser, são mencionadas com reverência pelo autor.

Num mundo e numa época em que se perdem os referenciais éticos, os mais velhos têm o dever de ajudar os mais jovens a buscar o sentido essencial das coisas.

Ex-alunos que se tornaram advogados e alunos de hoje que se preparam para um dia servir ao Direito, como advogados ou mesmo noutros misteres ligados ao mundo jurídico, freqüentemente me interpelam sobre o que entendo deva ser o fundamento da ética profissional.

Destaco três pontos na ética do advogado:
- seu compromisso com a dignidade humana;
- seu papel na salvaguarda do contraditório;
- sua independência à face dos Poderes e dos poderosos.

Em primeiro lugar, creio que é a luta pela dignidade da pessoa humana que faz da Advocacia não uma simples profissão, mas uma escolha existencial.

ESCRITOS DE UM JURISTA MARGINAL

Se nos lembramos de Rui Barbosa, Sobral Pinto, Heleno Cláudio Fragoso, qual foi a essência dessas vidas? Respondo sem titubear: a consciência de que a sacralidade da pessoa humana é o núcleo ético da Advocacia.

Esta é uma bandeira de resistência porque se contrapõe à "cultura de massa" que se intenta impor à opinião pública, no Brasil contemporâneo. A "cultura de massa" inocula o apreço "seletivo" pela dignidade humana. Em outras palavras: só algumas pessoas têm direito de ser respeitadas como pessoas.

Há um discurso dos Direitos Humanos que é um discurso das classes dominantes. Nações poderosas pretenderam e pretendem "ensinar" direitos humanos. Esquecem-se essas nações que o imperialismo político e econômico é talvez a mais grave violação dos Direitos Humanos.

Os Direitos Humanos que propomos aos jovens como "opção de vida" não são, obviamente, os Direitos Humanos dos poderosos da Terra, dos que fazem dessa causa um instrumento da mentira.

Preferimos buscar noutras fontes a seiva dos Direitos Humanos. E, a nosso ver, a mais rica seiva são os movimentos populares.

De minha parte, não foi somente nos livros que aprendi Direitos Humanos. Suponho que aprendi muito mais na prática, ao me comprometer com a luta dos oprimidos. Não foi um esforço solitário, mas, pelo contrário, coletivo. Companheiros que aprendiam e ensinavam – partilhavam – na Comissão "Justiça e Paz" da Arquidiocese de Vitória. Aprendemos Direitos Humanos: nas prisões; nas chamadas "invasões"; na Catedral de Vitória, que foi aberta aos "sem teto", quando ocorreram "despejos em massa" na capital do Espírito Santo; nas margens do Rio Doce, onde famílias estavam desabrigadas, por causa das enchentes do rio.

A apropriação dos Direitos Humanos pelos movimentos populares não significa desprezar a construção dos Direitos Humanos a partir de outros referenciais e outras origens.

Se o objetivo é a dignidade da pessoa humana, é a ruptura de todas as formas de opressão, as vertentes acabam por encontrar-se, e os militantes hão de comungar as mesmas lutas.

Nosso segundo ponto lembra que o Advogado salvaguarda o contraditório, isto é, o embate de teses e provas que se defrontam perante o juiz. Já Sêneca percebeu a necessidade do contraditório quando afirmou que "quando o juiz após ouvir somente uma das partes sentencia, talvez seja a sentença justa. Mas justo não será o juiz".[4]

Finalmente, vejo a independência em face dos Poderes e dos poderosos como atributo inerente ao papel do Advogado. Não tema o advogado contrariar juízes, desembargadores ou ministros. Não tema o advogado a represália dos que podem destruir o corpo, mas não alcançam a alma. Não tema o advogado a opinião pública. Justamente quando todos querem "apedrejar" aquele que foi escolhido como "Inimigo Público Número 1", o advogado, na fidelidade à defesa, é o Supremo Sacerdote da Justiça.

---

[4] Sêneca, filósofo estóico e autor romano. Nasceu provavelmente em 4 a. C. Morreu em 65 d. C. *Apud* Dicionário Enciclopédico da Sabedoria. Organizado e coordenado por A. Della Nina. São Paulo, Editora das Américas, 1955. Volume III, p. 420.

ESCRITOS DE UM JURISTA MARGINAL

4 – Direito a sepultura

A Ciência do Direito comparece nas reflexões desta página porque aqui se defende justamente o "direito a sepultura", de que todo ser humano é titular. Mas estas reflexões alargam-se por domínios mais amplos que aqueles apenas do Direito, como o leitor verá, no correr da leitura. Este texto foi publicado no Jornal do Brasil, em 25 de setembro de 2003.

A exumação pretendida pela família de Iara Iavelberg, mulher de Carlos Lamarca, repõe na mesa de discussão o problema dos desaparecimentos políticos ocorridos no Brasil.

No caso da mulher de Lamarca, não se trata de "ser sepultada", mas de ser sepultada com dignidade, sem a restrição que pesa sobre os suicidas, de acordo com a religião judaica.

Somente a exumação, com a perícia respectiva, poderá apurar se a mulher de Lamarca praticou o suicídio ou foi morta.

Enterrar os mortos é um direito humano fundamental das famílias.

Dentro de nossa tradição cultural, da tradição judaica, cristã e de outros troncos religiosos, o enterro de um parente querido é muito importante. No enterro, a família chora o morto, verte suas lágrimas sobre o caixão, lança areia ou uma flor sobre a sepultura. A Psicologia, a Psicanálise, a Antropologia e a Teologia debruçaram-se longamente sobre o ato humano de sepultar os mortos.

A anistia, conquistada em 1979, representou um momento de pacificação nacional. Resultou da luta popular, não foi outorga do poder. Mas, de qualquer forma, a meu sentir, dos presidentes militares posteriores a 1964 aquele cujo nome a História registrará com afeto e ternura, esquecendo todos os seus eventuais erros e equívocos, será o do presidente cuja mão assinou a anistia.

A anistia permitiria, como permitiu, o reencontro dos brasileiros. Não o reencontro para a unanimidade, que isto só existe nas ditaduras. O reencontro para a divergência explicitada, as contradições criadoras. Conquistada que foi a anistia, permaneceu em pauta uma questão não resolvida na História contemporânea do Brasil: os chamados "desaparecimentos políticos".

A "campanha pelas diretas" não teria acontecido e as "diretas" não teriam sido conquistadas, permitindo agora a eleição de Lula, se antes não tivesse havido a anistia.

Apesar de toda a chama da vontade popular, a emenda constitucional para a eleição direta do presidente da República foi recusada. Recusada a emenda das "diretas", na sua primeira apresentação (emenda Dante de Oliveira), houve eleição indireta de dois civis, que se comprometiam com o retorno à vida democrática: Tancredo Neves, como presidente; José Sarney, como vice.

Tancredo Neves morreu antes da posse. Agora acaba de falecer dona Risoleta, a viúva de Tancredo. Morto Tancredo, assumiu a Presidência José Sarney.

Para as pessoas mais velhas, esses fatos são recentes, porque os mais velhos foram testemunhas deles. Mas o Brasil é um país de jovens, e os jovens não viveram a "luta pela anistia". Daí que a veiculação desses episódios representa importante contribuição à educação para a cidadania. A reminiscência dos tempos de luta pela anistia provoca, no meu espírito, também uma reminiscência pessoal. Ainda como magistrado da ativa,

ESCRITOS DE UM JURISTA MARGINAL

senti-me no dever de me engajar na "campanha pela anistia". Não via incompatibilidade entre o fato de ser um magistrado em atividade e, ao mesmo tempo, somar-me aos brasileiros que, no país ou no exílio, clamavam pela anistia. É justamente esse tipo de comprometimento que me dá título para afirmar que uma imposição ética exige que se apure se a mulher de Lamarca realmente se suicidou. Provado que não ocorreu suicídio, seu corpo repousará, sem desonra, no Cemitério Israelita do Butantã, em São Paulo. O novo sepultamento será agora precedido do culto religioso. A comunidade crente reverenciará o Senhor da Vida, o Deus que é o Princípio e o Fim de todas as coisas, segundo a crença que é comum a judeus e cristãos.

5 – Aborto: o existencial suplanta o jurídico

Este texto não defende o aborto. Mas procura debruçar-se com piedade e comiseração em face da mulher que, numa sociedade como a que temos aí – fria, sem fraternidade –, é compelida ao aborto.
O autor distingue dolo e culpa para demonstrar que, em certas circunstâncias, carece de dolo a conduta da mãe que aborta.
Como é dito no primeiro período deste breve estudo, o propósito dele é apenas o de desencadear o debate.

Não pretendo dizer a última palavra sobre este grave e controverso tema. Entendo, entretanto, que o debate seja sempre benéfico e pode trazer luz ao exame dos mais diversos assuntos.

A Declaração Universal dos Direitos Humanos não se pronuncia expressamente sobre o aborto. Há o princípio geral de defesa da vida. Numa interpretação ampla, esse princípio proíbe o aborto. Dizemos que o princípio geral veda o aborto porque no feto está presente a vida humana. Mas a Declaração não se define incisivamente sobre o aborto para considerá-lo lícito ou ilícito.

Não obstante outros aspectos da questão, creio que, fundamentalmente, dois são os argumentos antagônicos principais, em face do assunto:

a – o aborto seria lícito como decorrência do direito da mulher ao uso do próprio corpo;

b – o aborto não seria lícito porque o feto não é apenas uma expectativa de vida, o feto é uma vida

ESCRITOS DE UM JURISTA MARGINAL

humana em desenvolvimento. O direito da mulher ao próprio corpo não lhe permitiria eliminar a vida de um filho que está para nascer.

Além das teses que se opõem, há um bloco de questões aparentemente laterais. A meu ver, essas questões, laterais na aparência, são centrais na essência. Não vejo esses pontos suficientemente discutidos nos debates que se travam sobre o aborto. Trata-se do seguinte:
- a sanção penal é apropriada para evitar o aborto?
- o aborto é uma questão jurídica ou uma questão existencial?

A psicanalista Marie Balmary, debruçando-se sobre a realidade da França, onde o aborto é permitido, tem uma palavra a dizer.

Conta Marie Balmary, à luz de sua experiência de consultório, que como o aborto, na França, é legal, a dor psíquica subjacente é reprimida. A legalização do aborto não teve força para sepultar o sentimento de angústia decorrente do ato. Permanece na mãe um sentimento de perda, não obstante ela própria tenha pedido para abortar o filho.[5]

Na minha experiência de juiz, julguei alguns casos de aborto. Dentro da realidade brasileira, só há processo pela prática de aborto quando o caso se complica, e a mãe, em perigo de vida, vai para o hospital. O hospital é obrigado a fazer a comunicação da ocorrência à Polícia. São abortos realizados por parteiras leigas que, na linguagem popular, são chamadas "fazedeiras de anjo".

Sabe-se da existência de clínicas clandestinas, onde o aborto é praticado discretamente, sem complicações.

Nos casos que chegaram a mim, eu só me defrontei com situações dramáticas. Nunca veio a minha presença mulher que tivesse abortado por razões de conforto ou por motivo fútil. Testemunhei e vivenciei essa dor existencial

---

[5] Cf. BALMARY, Marie. *Les Lois de l'Homme*. *In* Etudes. Paris, Assas Editions, tome 375, n. 1-2, juillet-août 1991.

percebida por Marie Balmary no seu consultório de psicanalista. Em todos os casos que julguei, sem uma única exceção, minha sentença, *em razão da carência de dolo do agente* (no caso, a mãe), foi sempre de absolvição. Como a prática do aborto constitui crime doloso contra a vida, a competência para o julgamento é do Tribunal do Júri.

A essa conclusão leva uma interpretação meramente lógica dos dispositivos atinentes à espécie, conforme se verifica a seguir.

O art. 5º, inciso XXXVIII, da Constituição Federal, diz que é reconhecida a instituição do júri, com a organização que lhe der a lei, assegurada, conforme estabelece a letra "d", a competência para o julgamento dos crimes dolosos contra a vida.

O título I da Parte Especial do Código Penal, que cuida dos crimes contra a vida (artigos 121 e seguintes), tipifica o aborto como um desses crimes, conforme está expresso no art. 124: "provocar aborto em si mesma ou consentir que outrem lho provoque".

Creio que, em regra, o juiz não pode subtrair a competência constitucional do Tribunal do Júri pelo caminho da absolvição sumária. Mas vejo os casos de aborto como dignos de uma hermenêutica menos rígida. O comparecimento da mulher que abortou, para julgamento pelo júri popular, constitui humilhação, mesmo que venha a ser absolvida. O magistrado pode, assim, absolver sumariamente uma acusada se tem diante de sua consciência uma causa de exclusão da ilicitude (justificativa) ou da culpabilidade (dirimente), para evitar esse constrangimento público. Não se atira pedra a quem já está apedrejado. Da observância dessa norma de sabedoria popular não está dispensado o juiz.

O raciocínio que a boa exegese, a meu ver, recomenda é este: não há previsão da modalidade culposa para o crime de aborto, razão pela qual o crime só é punido se praticado dolosamente. Não se pode reconhecer o dolo

ESCRITOS DE UM JURISTA MARGINAL

quando alguém é impelido à prática de uma conduta, em princípio criminosa, mas que perde esse caráter por circunstâncias que obscurecem a expressão da vontade.

Dei sentenças dessa natureza estribado em teorias de interpretação que permitem ao magistrado, à luz da Ciência do Direito, assim proceder. Entretanto, reconheço que, na prática, a maioria dos juízes tende à estrita aplicação do preceito legal, presos a um legalismo que desfavorece a absolvição sumária.

Um dos casos que mais me impressionou foi o de uma jovem que veio a mim rotulada como ré. Segundo as testemunhas, toda noite embalava um berço vazio, como se nele houvesse uma criança.

Em razão dessa vivência de juiz é que suponho que não são contraditórias as seguintes colocações, que me parecem acertadas:

a – o aborto não é lícito, a vida humana, desde a concepção, é sagrada;

b – a mulher tem direito ao próprio corpo, mas esse direito não lhe dá a faculdade de dispor da vida do feto;

c – o aborto está, em princípio, no âmbito do jurídico, pois que envolve uma relação interpessoal: a mãe e o filho por nascer;

d – relação interpessoal, conflito de interesses jurídicos, o aborto, numa primeira perspectiva, meramente lógica, deveria ser definido como crime;

e – o tratamento meramente jurídico, entretanto, é impróprio para abarcar toda a dramaticidade do aborto; no aborto, o existencial suplanta e absorve o jurídico;

f – em razão do conteúdo existencial do aborto, ele mereceria um tratamento jurídico especial:

f-1 – ou um tratamento jurídico semelhante ao que é dado à tentativa de suicídio (a tentativa de suicídio não é crime, mas instigar o suicida a que pratique esse ato é crime);

f-2 – ou o estabelecimento, na lei, de uma alternativa para que o juiz possa absolver sumariamente a acusada, ou deixar de aplicar a pena quando, em face das circunstâncias, verificar que o ato foi praticado por uma razão existencial escusável;

g – um conjunto de medidas sociais, pedagógicas, psicológicas, econômicas, médicas deveria proteger o direito de nascer; a sociedade tem o dever de socorrer com empenho e eficácia a mulher grávida; todo o esforço social deve ser desenvolvido para que a mulher não seja compelida ao aborto.

6 – O que é justiça?

Este texto discute as explicitações da Justiça – comutativa; distributiva; geral, social ou legal.
Através da narração de um exemplo concreto, tirado de uma situação real, demonstra o que é a Justiça distributiva e como se efetivou no caso apresentado.

Primeiro dia de aula. Eram todos calouros do Curso de Direito. Logo depois da chamada, o jovem inquieto, antes mesmo que eu me apresentasse como professor, lança a pergunta:

– "Professor, que é Justiça?".

No semblante do jovem, percebi que havia mais do que uma dúvida intelectual. Ele me colocava uma questão existencial. Questões existenciais angustiam a alma humana, não esperam o momento de se expressarem, não respeitam o plano de aula que o professor tivesse preparado.

– "Você me propõe uma questão polêmica". Foi como iniciei a resposta, enquanto tomava fôlego.

Segundo o ensino clássico, a Justiça explicita-se de três maneiras fundamentais: como Justiça comutativa; como Justiça distributiva; como Justiça geral, social ou legal.[6]

A Justiça comutativa exige que cada pessoa dê a outra o que lhe é devido. A Justiça distributiva manda que a sociedade dê a cada particular o bem que lhe é devido. A Justiça geral, social ou legal determina que as partes da sociedade dêem à comunidade o bem que lhe é devido.

---

[6] Cf. AQUINO, Tomás de. *Suma Teológica* (Questões LVII e LVIII). Tradução de Alexandre Correia. In: *Textos de Filosofia Geral e Filosofia do Direito.* (Aloysio Ferraz Pereira, org.) São Paulo, Revista dos Tribunais, 1980. Cf. também: ARISTÓTELES. *Ética a Nicômaco.* São Paulo, Abril Cultural, 1973.

"Entendi tudo, Professor. Mas queria um conceito mais concreto. É o primeiro dia de aula. Estamos perplexos diante do Curso que vamos fazer".

Lembrei-me, então, de Jesus Cristo, que ensinava por meio de parábolas. E lhes contei um caso.

Era uma vez uma viúva cujo marido foi morto, num acidente de trânsito, por um veículo do Estado. O senhor atravessava a rua, atentamente, aproveitando o sinal verde. O carro, em velocidade, não respeitou o sinal. Chocou-se com o homem e arremessou seu corpo a metros de distância.

A viúva, que tinha seis filhos menores, ingressou com uma ação contra o Estado do Espírito Santo, por meio da Defensoria Pública.

Ação muito bem instruída e conduzida, a viúva obteve do juiz sentença favorável, que condenou o Estado a reparar o dano, pensionando a viúva e também os filhos, estes enquanto durasse a menoridade.

Os processos, na Justiça, não andam rapidamente. Enquanto aguardava o desfecho do caso, a viúva, com seus filhos, estava passando duras privações.

Mesmo dada a sentença pelo juiz, a mesma não seria executada de pronto. Manda a lei que, nas sentenças contra o Estado, o juiz submeta, obrigatoriamente, o caso ao duplo grau de jurisdição. Dizendo em outras palavras: quando o juiz decide uma questão contra o Estado, é obrigado a mandar o processo para o Tribunal, a fim de que a matéria seja reexaminada.

No Tribunal, o processo demora mais algum tempo, até que os autos retornem ao juiz. E, às vezes, demora tempo demais.

Era Procurador do Estado, no processo, o Doutor Hélio Charpinel Goulart, hoje falecido.

Vendo a situação da viúva e das crianças, bem próxima da miséria, o Procurador requereu ao juiz que, naquele caso, deixasse de mandar o processo para o

ESCRITOS DE UM JURISTA MARGINAL

Tribunal e ordenasse a execução imediata do julgado. Estando ciente de que descumpria a literalidade da lei, o Procurador requereu ao juiz que oficiasse ao Procurador-Geral do Estado, dando conta ao mesmo do procedimento dele, Hélio Goulart. Se o Procurador-Geral entendesse que seria merecido aplicar-lhe uma punição, o Procurador disse que aceitaria, de bom grado, a punição. Preferia ser punido do que afrontar sua consciência e retardar ainda mais a prestação de Justiça, de que a viúva e os filhos menores eram credores. Disse mais o Procurador. Há um valor em jogo, que é mais importante do que cumprir cegamente o princípio do recurso obrigatório, nas sentenças contra o Estado. O Estado, mais que o particular, tem o dever de ser justo, de socorrer o fraco, de prevenir a indigência. Esse dever do Estado é uma imposição da Constituição Federal, na forma do que preceitua o inciso III do artigo 1º.

Atendendo o que pediu o Procurador, o juiz submeteu o procedimento dele, Procurador, ao crivo dos superiores hierárquicos. E o próprio juiz assumiu também a responsabilidade por aquela quebra da "literalidade legal", pois lhe cabia também determinar a subida dos autos para a instância superior.

Na Procuradoria-Geral do Estado, o caso gerou polêmica. Mas afinal decidiu o Procurador-Geral que a hipótese em exame era uma exceção. O Procurador não merecia punição. Pugnara pela Justiça e Justiça deveria ser feita à viúva e aos órfãos.

Depois de contar a história, dirigi-me ao jovem aluno que, a esta altura, já estava de cabelo arrepiado e de olhos estatelados:

"Isto, meu caro aluno, é Justiça. É a Justiça do caso concreto. É a realização da Justiça distributiva, a que me referi, antes de contar esta história".

E o menino se deu por satisfeito, nada mais me sendo perguntado.

28   *João Baptista Herkenhoff*

7 – Justiça aberta

Defendo nesta página a abertura do Poder Judiciário, a franquia da Justiça ao conhecimento público.

Relembro meus tempos de juiz, quando não apenas defendi teoricamente esses princípios, mas procurei exercer a magistratura dentro de uma concepção de "Justiça aberta".

Os percalços decorrentes do posicionamento que adotei são registrados neste escrito com um certo teor de alegria. Isto porque verifico que as idéias, pelas quais me bati ontem, tornam-se realidade hoje.

Este texto foi publicado no Jornal do Brasil, edição de 7 de junho de 2003.

Nos tempos em que fui juiz, vigorava a idéia de que uma das virtudes do magistrado era um acendrado recato. O princípio é, sem dúvida, corretíssimo. O juiz, na vida pública e particular, deve fazer-se credor do respeito da comunidade através de uma conduta condizente com a grandeza de sua função. Muitos atos, absolutamente lícitos à generalidade das pessoas, não são apropriados para aquele que desempenha a função de juiz.

Mas se por recato entende-se que o juiz deve guardar-se de qualquer contato externo, afastar-se da imprensa, isolar-se no mundo dos autos, esse procedimento não me parece condizente com uma visão democrática do Poder Judiciário.

Aliás, nem poder o Judiciário deveria ser, mas serviço – Serviço Judiciário. Assim também, endereça-

ESCRITOS DE UM JURISTA MARGINAL

dos ao bem público, o Serviço Legislativo e o Serviço Executivo. Não obstante as conhecidas justificações teóricas para que se considere o Judiciário como poder (dentro da tese de três poderes), cabe analisar a questão numa outra perspectiva, que privilegie o social e o ético. Então, a Justiça será entendida como um serviço, e o juiz, como servidor.

Partindo dessas premissas, a Justiça tem de ser aberta, e não fechada. Um processo só pode correr debaixo de sigilo quando razões de respeito à pessoa humana o exijam. As portas da Justiça têm de estar sempre franqueadas. Nunca a exigência de roupa ou calçado pode obstar a entrada de alguém nos recintos judiciais.

Arrostar o pensamento dominante, na época em que exerci a magistratura, custou-me alguns percalços que hoje compreendo com clareza. Fui censurado, em razão de uma entrevista que concedi a jornal. Essa entrevista continha críticas (teóricas) ao Poder Judiciário, decorrentes de um livro que eu havia publicado. De outra feita, recebi ofício advertindo-me de que não deveria publicar no *Diário da Justiça* os relatórios estatísticos de minha comarca.

A conduta da cúpula judiciária estava de acordo, a meu sentir, com o entendimento, então vigente, dos limites que se impunham ao papel do magistrado.

Pautei a linha de meu procedimento, em oposição à concepção imperante, não com a intenção de ser "diferente". Na verdade, pareceu-me que abrindo a toga ao conhecimento público eu contribuía para o avanço da cidadania, nem que fosse apenas no restrito âmbito de minha comarca, já que no cenário nacional os tempos eram de escuridão.

Agora, quando ligo a televisão e vejo a TV Justiça, tenho uma profunda satisfação interior. Constato que a intuição que me acudiu, no sentido de perceber a Justiça como terreno aberto ao povo, não foi despropositada.

Assisto a sessões do Supremo Tribunal Federal. Vejo a imagem dos ministros e acompanho os votos que proferem. Nos noticiários, tomo conhecimento do que anda a acontecer nos arraiais da Justiça, por todo o território deste vasto país. É o Serviço Judiciário aberto à atenção e à fiscalização popular.

Lamento apenas que a TV Justiça seja uma TV a cabo. Não entendo a razão pela qual a TV Justiça não seja um canal aberto. O avanço tem de ser complementado. É preciso que todos os televisores possam captar o sinal da TV Justiça. Aí sim, as salas dos tribunais estariam dentro de nossas casas, como imposição de cidadania.

ESCRITOS DE UM JURISTA MARGINAL

8 – Direitos humanos e cultura brasileira

A pouca sensibilidade, que às vezes se observa, para com os Direitos Humanos, na opinião pública, não será numa opinião pública dirigida, numa cultura de massa imposta pelas classes dominantes?
A partir desta indagação, traçamos nossa linha de pensamento a respeito do tema deste escrito – as relações entre os Direitos Humanos e a Cultura Brasileira.
A Cultura Brasileira abriga ou rechaça a idéia de Direitos Humanos? Como o inconsciente coletivo registra esta idéia?
Não pretende o autor esgotar o assunto neste capítulo, mas apenas colocar alguns pontos que possam servir de provocação para o debate.

Na cultura das multidões, há recusa, às vezes, a princípios fundamentais de Direitos Humanos. Enquetes de jornais têm revelado, por exemplo, a divisão dos respondentes, meio a meio, no que se refere à aprovação ou desaprovação de massacres de presos, justiçamento privado e outros episódios semelhantes.

A pouca sensibilidade, que às vezes se observa, para com os Direitos Humanos na opinião pública, não será numa opinião pública dirigida, numa cultura de massa imposta pelas classes dominantes?

Os pesquisadores capixabas Paulo Rogério Meira Menandro e Lídio de Souza realizaram belíssima investigação sobre linchamentos, no Brasil.[7] Vale a pena conferir as conclusões a que chegaram.

Parece acertado considerar que os linchamentos só podem estar presentes dentro de uma cultura que abdicou do mínimo respeito à pessoa humana.

Não talvez para explicar diretamente os linchamentos, mas para explicar os fatores que criam condições para a eclosão de linchamentos, dentro de uma sociedade, podemos vislumbrar pistas.

Numa sociedade, onde a Justiça oficial esteja presente com mais solicitude e eficiência, menores serão as possibilidades de ocorrerem linchamentos.

Numa sociedade que privilegie a solidariedade, que reforce os laços de comunhão entre as pessoas, que desencoraje a violência e que dê exemplos de atitudes positivas de convívio humano, numa tal sociedade os linchamentos e as vinditas tenderão a decrescer.

Numa sociedade que estimule a cooperação e cuja lógica não se baseie na competição, os atos violentos em geral, inclusive os linchamentos, deverão tender a uma redução.

Numa sociedade que incorpore as pessoas ao grêmio social, que partilhe os bens, que não segregue e não marginalize, os atos de violência social e individual certamente baixarão de intensidade e de freqüência.

Não sei se existe um componente implícito de violência na cultura brasileira. Vemos tantas vezes o contrário, vemos tantas vezes manifestações individuais e coletivas de apoio mútuo e até de heroísmo que recusamos uma idéia preconcebida do caráter violento da alma brasileira.

Nas grandes cidades, o indivíduo torna-se anônimo. Sobretudo aquela pessoa que provém do interior sofre, na grande cidade, um aniquilamento psicológico.

---

[7] Cf. MENANDRO, Paulo Rogério M. & Lídio de Souza. *Linchamentos no Brasil: a Justiça que não tarda, mas falha.* Vitória, Fundação Ceciliano Abel de Almeida & Centro de Estudos Gerais da Universidade Federal do Espírito Santo, 1991.

ESCRITOS DE UM JURISTA MARGINAL

Drummond registrou essa solidão em versos inigualáveis: "nesta cidade do Rio, de dois milhões de habitantes, Estou sozinho no mundo, estou sozinho na América".[8]

A expulsão do homem, da terra que poderia frutificar com seu trabalho, é talvez a maior violência que se pratica no Brasil.

Creio que, nas cidades do interior, tem-se com maior nitidez condições para caracterizar a antropologia brasileira.

Nas minhas andanças pelo interior, como juiz, presenciei com freqüência absolutamente predominante os atos positivos, as atitudes nobres. Os comportamentos criminosos sempre constituíram exceções.

Uma civilização dos direitos humanos exige toda uma construção cultural. A meu ver, é pelo caminho dessa construção que devemos caminhar.

---

[8] ANDRADE, Carlos Drummond de. In: *Obras Completas*. Rio, Aguilar, 1964, passim.

9 – Guarda do filho de Cássia Eller[9]

Este texto, publicado sob o impacto do debate suscitado pela guarda do filho de Cássia Eller, lembra que Brecht, na sua famosa peça "O Círculo de Giz", sentenciou que pessoas e coisas devem pertencer a quem lhes tenha amor. A frase de Bertolt Brecht referiu-se justamente a um caso em que duas mulheres disputavam a guarda de uma criança.

A Justiça decidiu, a meu ver, corretamente, a questão da guarda do filho de Cássia Eller. O menino de oito anos continuará sob os cuidados de Eugênia, a companheira de Cássia nos últimos 14 anos. O magistrado valeu-se, para sua decisão, dentre outros elementos, das opiniões externadas pela Diretora e pela Coordenadora Pedagógica da escola onde o pequeno Chicão estuda. Ambas afirmaram que Eugênia é a principal referência materna da criança.

Não me parece assistir razão, neste ponto, ao advogado Celso Fontenelle, digno ex-presidente da OAB do Rio de Janeiro. Na opinião desse competente jurista a guarda do menino deveria ser confiada aos avós, porque a união civil entre homossexuais não é abrigada pelas leis brasileiras.

Suponho que a boa hermenêutica (ou seja, a boa interpretação) deve seguir caminho diverso daquele proposto pelo respeitável advogado. A criança deve ser confiada ao zelo de quem tenha maiores possibilidades de fazê-la feliz.

---

[9] Publicado em *A Tarde*, de Salvador, edição de 11 de janeiro de 2002.

ESCRITOS DE UM JURISTA MARGINAL

A morte trágica da Mãe já é um sofrimento bem duro que recai sobre o menino órfão. Não se pode pesar ainda mais seu fardo rompendo sua relação afetiva com a segunda Mãe, em nome de um legalismo estreito.

O fato é apenas o gancho para as reflexões deste artigo. Quero me debruçar, de maneira especial, sobre o Direito que está atrás do fato.

Brecht, na sua famosa peça "O Círculo de Giz", em face da disputa pela guarda de uma criança, sentenciou que pessoas e coisas devem pertencer a quem lhes tenha amor. Não foi um jurista que disse isso, mas um poeta. Os juristas estarão em boa rota se aprenderem as lições dos poetas.

As leis nunca devem ser interpretadas literalmente. É preciso que o jurista tenha a habilidade de ler as tábuas da lei, abertas e explicitadas, para descobrir, atrás das tábuas, o sentido implícito, o espírito, porque a letra mata, só o espírito vivifica, segundo o ensinamento de Paulo Apóstolo.

Neste episódio judicial, vejo um outro aspecto positivo. Graças à ampla liberdade de imprensa que conquistamos para o Brasil de hoje, a questão foi amplamente discutida pela sociedade civil. Do debate participaram não apenas juristas, mas profissionais de diversas áreas e pessoas do povo.

É bom que as questões do Direito e da Justiça não se encerrem no círculo restrito dos especialistas. O Direito e a Justiça integram um patrimônio social.

Caminha o Brasil na senda democrática se amplia a discussão ·de todos os problemas que interessam ao povo. Temos que reagir contra a pretensão dos que querem transformar em território de iniciados a mesa na qual se debatem o Direito, a Economia, a Educação, a Política, a Saúde Pública e os demais temas coletivos.

10 – O preso e o direito ao trabalho

Defendemos neste capítulo o direito do preso ao trabalho. Relatamos uma experiência de nossos tempos de Juiz de Direito, no interior do Espírito Santo. Tudo que é dito aqui, mesmo a remissão a tempos antigos, permanece atual. Os presos que usufruem da oportunidade de trabalhar, no Brasil, constituem uma grande minoria.

Quando não se é tão jovem, uma das boas coisas que a vida oferece é a oportunidade de testemunhar, contar experiências, transmitir valores. Só a idade dá título para isso. E as pessoas estão sedentas de ouvir histórias que lhes ofereçam sugestões para o agir.

Nestas andanças pelo Brasil, como Professor Itinerante, tenho percebido um grande acolhimento às narrações concretas. Parece que o meramente abstrato, o teórico anda perdendo prestígio, o que não acontecia na minha geração.

Sobre trabalho para presos, tenho alguma coisa para contar. Na década de 1960, fundamos em São José do Calçado (ES) a "Associação de Assistência aos Presos Dona Mulatinha". O simpático nome da instituição, sugerido pelas pessoas da cidade, foi homenagem a uma mulher que, na sua passagem pelo mundo, deixou marcantes lições de solidariedade. Vimos logo que o juiz não podia impor um projeto. Era preciso discutir o assunto com a comunidade e com a comunidade encontrar caminhos. Foi o que fizemos. O acolhimento à idéia foi muito amplo, embora não tenha havido unanimidade de

ESCRITOS DE UM JURISTA MARGINAL

aplausos. E, aliás, é sempre bom que não haja unanimidade. Os votos divergentes aumentam a responsabilidade e o compromisso dos que apostam numa empreitada. Tive, como juiz, além da ajuda de muitos calçadenses dedicados, o idealismo de um cidadão, sem o qual seria impossível levar adiante a Associação "Dona Mulatinha". Escrevo com respeito o nome desta pessoa: Eliézer Rezende de Mendonça.

Nossa primeira decisão foi a de executar o cumprimento das penas na própria Comarca. Na época, havia determinação da lei e do Tribunal de Justiça no sentido de que os presos condenados fossem encaminhados ao Instituto de Readaptação Social, em Vitória. Mas sabíamos da precariedade do IRS. E sempre nos pareceu que é "na comunidade" e não "fora da comunidade" que um preso tem a chance de retomar a trajetória da existência. Havia a lei, porém mais que a lei havia a Declaração Universal dos Direitos Humanos, fundada num princípio basilar: o respeito à dignidade da pessoa humana. Desagregar um preso do seu meio é uma violência brutal. Durante nossos quatro anos e meio, como juiz de Calçado, não enviamos um único preso ao Instituto de Readaptação Social.[10]

Optar pelo cumprimento da pena na Comarca impunha um desafio. Este era o de proporcionar trabalho interno e externo aos presos, além de escola. A jovem Maria de Lourdes Rezende Ferreira foi a primeira professora da "escola dos presos". Dava aulas gratuitamente. No caso de homicidas, a orientação que estávamos imprimindo ao tema prisional tinha implicações delicadas. Havia a família da vítima, detentora também de um "direito humano" fundamental: o de que se fizesse Justiça. A solução foi o diálogo. Era imperativo conversar com a família das vítimas e explicar que o preso não

---

[10] Cf. HERKENHOFF, João Baptista. *Crime, Tratamento sem Prisão*. Petrópolis, Editora Vozes, 1987 (1ª edição). Porto Alegre, Livraria do Advogado Editora, 1995 (2ª edição, revista e acrescida) e 1998 (3ª edição, revista e acrescida).

podia sair da prisão pior do que quando entrara. Aos presos com direito a trabalho externo impúnhamos um calendário de vida: durante a semana, trabalho fora da prisão; fins de semana, recolhimento ao presídio.[11] Só houve uma fuga de preso, justamente na semana em que respondíamos a interpelação do Conselho Superior da Magistratura porque estávamos concedendo trabalho externo a presidiários. Essa conduta judicial estava proibida pelo Tribunal, naquele momento, mas não tínhamos a intenção de afrontar ou desobedecer. O que estava em jogo era uma questão de consciência. Fiquei muito aborrecido com o preso que fugiu. Ele punha em perigo toda uma política penitenciária. Manifestei minha ira aos colaboradores. Mas o preso, arrependido, entregou-se espontaneamente:

"Doutor, eu fiz uma grande *coisa errada* com o senhor. O senhor confiou em mim e eu falhei. Quero agora ser trancafiado".

"Seja feita a sua vontade", eu lhe respondi. E determinei que fosse recolhido. Mas depois reconsiderei a decisão. Ele se redimira, ao se apresentar. Merecia outra oportunidade. Cumpriu a pena toda trabalhando externamente, sem fugir outra vez.

Durante nosso tempo de judicatura em São José do Calçado, não houve uma única reincidência criminal. Esta estatística de "zero por cento" exige uma comparação para ser avaliada. Nas prisões fechadas do Brasil, a reincidência é de 66 por cento.

---

[11] Cf. HERKENHOFF, João Baptista. *Pela Justiça, em São José do Calçado*. São José do Calçado/ES, 1971. Impresso na Escola de Artes Gráficas da União dos Lavradores de Vala do Souza.

ESCRITOS DE UM JURISTA MARGINAL

11 – Concursos públicos, ética, cidadania

É lamentável que este texto caiba num livro cujo título é "Escritos de um jurista marginal". Mas, infelizmente, cabe. O que já deveria integrar pacificamente a cultura jurídica – o provimento dos cargos públicos por concurso, a repulsa a qualquer espécie de afilhadismo – ainda é, terceiro milênio começado, uma bandeira de resistência.

Em 1988, pela primeira vez na História do Brasil, uma Constituição foi votada com a manifestação, pelo povo, de seu expresso desejo de participação efetiva no processo.

Pela primeira vez, em conseqüência, a Constituição deixou de ser um documento de juristas e assumiu verdadeiro caráter de pacto social.

É verdade que os movimentos populares sofreram derrotas, no processo de elaboração constitucional. Mas, a meu ver, o que a Constituição apresenta de melhor nasceu, direta ou indiretamente, de emendas, reivindicações e pressões populares.

Uma das exigências do povo, perante o Congresso Constituinte, foi a de que houvesse, no país, a superação do regime de nepotismo.

A fórmula "todos são iguais perante a lei", de tradicional existência, ganhou, em 1988, conteúdo de efetividade social. A igualdade passou a ser demanda incontornável. Da mesma forma, o princípio da investidura em cargos públicos, por meio de concurso, deixou de ser uma promessa vã, para tornar-se pleito marcado pela luta do povo.

Concurso tem, no texto constitucional, o sentido de disputa honesta. Não iria a sociedade civil organizada exigir, como exigiu, concursos públicos e admitir, em contrapartida, que tais concursos pudessem ser fraudados. Concurso fraudado não é concurso, mas embuste, mentira, negação do mérito, mau exemplo para os jovens, desestímulo ao estudo responsável.

Efetiva igualdade perante a lei e acesso igualitário aos cargos públicos são afirmações que se completam, conseqüência necessária do regime democrático, naquilo que é a sua essência, sua base ética.

Igualdade perante a lei é abolição de privilégios, é equivalência de oportunidades. Impõe, dentre outras franquias, a disputa limpa dos empregos públicos.

Falsifica-se o princípio democrático da disputa pública dos cargos:

- quando o regime dos concursos é substituído pela criação abusiva, às centenas, de "cargos comissionados", ou quando se encontram as mais variadas brechas para nomear sem concurso;

- quando os concursos são realizados, mas não são transparentes e honestos, de modo a eliminar toda suspeita de fraude.

A eliminação dos concursos ou os concursos fraudados instalam uma "ação entre amigos", a troca de favores, a prevalência dos que fazem do poder e do prestígio moeda pronta para conluios escusos.

A coletividade sofre, a meu ver, cinco grandes prejuízos com a supressão dos concursos, ou com concursos fraudados:

- deixam de ser selecionados para as funções públicas os candidatos mais capacitados, que poderiam prestar melhor serviço ao povo;

- perdem a independência os que são escolhidos pelo crivo do favoritismo, atrelados que ficam, perpetuamente, ao indevido "favor" que receberam;

ESCRITOS DE UM JURISTA MARGINAL

- instala-se a multiplicação dos cargos desnecessários, pois nomeação sem concurso é "favor" político;

- elimina-se totalmente dos mais pobres, dos desprovidos de poder, dos que nada têm para barganhar as possibilidades de acesso aos cargos públicos;

- retira-se dos jovens a confiança no futuro, a crença no valor, a estima ao estudo e ao saber.

Dos cinco males acima especificados, parece-me que o mais pernicioso é o último.

Nada agride mais a saúde moral de um povo do que o esmagamento da fé e ideais da juventude.

12 – Direito humanitário[12]

Este texto distingue Direitos Humanos, Direitos dos Povos e Direito Humanitário. Enquanto os "direitos humanos" têm como sujeito a "pessoa humana", os "direitos dos povos" radicam-se nos povos, entidade coletiva. Já o "Direito Humanitário" tem como escopo a salvaguarda de um "mínimo ético" nas guerras. Na prática, entretanto, os vencedores nunca respondem pelos crimes que, durante a guerra, praticam contra a Humanidade. Só aos vencidos imputam-se tais crimes. Não obstante esse fato há que se lutar pela vigência efetiva do Direito Humanitário.

Uma longa luta travaram e travam mulheres e homens, grupos ativistas, profetas e mártires para afirmar o primado dos "Direitos Humanos".

Em sua essência, "Direitos Humanos" são aqueles direitos que a pessoa humana tem, como decorrência de sua condição de pessoa humana. Não decorrem da nacionalidade, da raça, da pertença a um partido político, da religião professada, da condição de rico ou pobre, não decorre de nenhuma condição externa ao titular do direito. Esses direitos resultam simplesmente da condição de ter nascido do ventre de uma mulher.

Ao lado dos "Direitos Humanos" existem os "Direitos dos Povos". Enquanto os "Direitos Humanos" têm sua radicação na "pessoa humana", os "Direitos dos Povos" têm como sujeitos os povos, uma entidade coletiva.

---

[12] Publicado em "A Gazeta", de Vitória, edição de 21 de novembro de 2001.

ESCRITOS DE UM JURISTA MARGINAL

O principal direito de um Povo, de uma Nação é o direito de constituir-se em Estado. Toda Nação tem esse direito.

Nos velhos tempos de Cachoeiro de Itapemirim, supunha, com outros companheiros, no sonho juvenil que a todos nos alimentava, que a Casa do Estudante de Cachoeiro seria uma assembléia com direito à palavra no fórum universal. Assim, nesse plenário da Casa do Estudante, saudei a criação do Estado de Israel, sob o fundamento de que os judeus tinham direito a uma pátria, a um pedaço de chão. Na mesma proposta defendi que os palestinos, já fincados naquele espaço do mundo, também deveriam ter reconhecido o direito a um território. A via diplomática deveria estabelecer os limites dos respectivos territórios nacionais. Remexendo meus arquivos implacáveis, encontrei os textos que me rememoram esses episódios da vida.

Ao lado dos "Direitos Humanos" e dos "Direitos dos Povos", vigora o chamado "Direito Humanitário". O "Direito Humanitário" busca salvaguardar um "mínimo ético" nos palcos de guerra. É o "Direito Humanitário" que estabelece o caráter intocável de qualquer lugar onde esteja presente a "Cruz Vermelha Internacional". A Cruz Vermelha está acima de nações, partidos ou facções. Onde haja um "ferido de guerra", ali estará a Cruz Vermelha para prestar "socorro humanitário". Outras instituições internacionais recebem hoje o mesmo tratamento da Cruz Vermelha, como, por exemplo, os "Médicos sem Fronteiras". Também o Direito Humanitário estabelece o respeito ao militar já abatido no confronto das armas, por ferimento que o impossibilite de combater, bem como o resguardo daquele que foi feito prisioneiro. É inominável covardia, repudiada pelo Direito Humanitário, tripudiar sobre o ferido ou sobre aquele já submetido à condição de "prisioneiro de guerra". Ainda o Direito Humanitário prescreve que nunca possam ser lançados bombardeios sobre populações civis.

44   *João Baptista Herkenhoff*

Os crimes que se praticam contra o Direito Humanitário são considerados "crimes de guerra". Lamentavelmente, os que perdem a guerra são julgados pelos seus crimes. Os vencedores julgam-se isentos de responsabilidade pelos crimes contra a Humanidade, em que tenham incorrido.

Bebi todos esses conceitos no curso de minha existência:

- na Casa do Estudante de Cachoeiro, como já disse;
- no contato com meu avô materno que foi magistrado em Santa Catarina e que, na velhice, tornou-se um militante pacifista;
- nas aulas da Faculdade de Direito do Espírito Santo, com Ademar Martins, professor de "Teoria Geral do Estado" de toda uma geração acadêmica.

Como é triste ver esmagado o Direito Humanitário, nesta quadra da História. Esmagado pelos que jogaram bombas nas torres de Nova Iorque matando milhares de pessoas. Esmagado pelos Estados Unidos, no ataque feroz contra o Afeganistão, vitimando populações civis, inclusive crianças, doentes e velhos.

Mas não importa se temos o poder de nos opor a essas negações do Direito. Falar podemos, protestar podemos e nunca nos calaremos quando a consciência ética exigir de nós uma posição.

ESCRITOS DE UM JURISTA MARGINAL

13 – Futebol e cidadania

A propósito da vitória do Brasil na Copa do Mundo de 2002, o autor escreveu esta página. Aparece aqui exatamente como saiu no Jornal do Brasil, edição de 3 de julho de 2002.
O autor faz considerações diversas sobre a significação do futebol: é uma afirmação de brasilidade; é um símbolo de Paz, num mundo cheio de guerras; é portador de uma mensagem democrática dentro de uma sociedade na qual vigoram abismos separando as pessoas.
O leitor atento verá que o texto comporta mais de uma leitura, inclusive uma leitura a partir do Direito.

À margem dos comentários esportivos, a vitória do Brasil, na Copa do Mundo, merece observações outras. Emociona-me, antes de mais nada, a presença significativa de negros e pessoas provenientes das camadas mais pobres, na Seleção. Numa sociedade injusta, que nega oportunidades aos pequeninos, o futebol ainda é um espaço onde os que seriam excluídos têm vez, mérito e reconhecimento.

Depois, num mundo onde uma única nação arroga-se o direito de dar as cartas e exercer tutela sobre os povos, o futebol afirma nossa personalidade nacional. O futebol consagra nossa competência, nossa união, nossa grandeza cívica, nosso desprendimento pessoal, nossa cidadania.

Ainda é de se realçar que, mesmo aberto um novo milênio, a força militar continua estabelecendo as regras na vida internacional. A mesa de negociações, a arbitragem, os tribunais previstos no Direito Internacional são substituídos pela guerra, pelo confronto armado, pelas bombas que não respeitam nem mesmo hospitais e espaços que deveriam ser sagrados. O futebol opõe-se a tudo isso, o futebol é um símbolo de paz, é um abraço universal. Bonita também é a celebração das vitórias brasileiras pelo conjunto do povo, sem exceção. O futebol é uma senha que a todos nos identifica, como brasileiros, acima dos lamentáveis abismos de classe de nossa sociedade. No livro *Estação Carandiru*, de Dráusio Varela, há uma página que registra a participação dos presos, o entusiasmo contagiante deles, em face dos jogos de nossa Seleção. Seres abandonados, injustiçados, oprimidos, aos quais se nega a oportunidade de ressocialização, sentem-se brasileiros e integrantes da sociedade nacional quando brilha, nos estádios, a "Seleção canarinho". O futebol, no Brasil, como o título de eleitor, é um "cartão de cidadania".

Pela grandeza ética e cidadã do futebol, são revoltantes os episódios de corrupção no futebol, a utilização do futebol por pessoas moralmente desqualificadas, que se servem de uma "paixão nacional" para realizar objetivos escusos.

Também fico a imaginar se o futebol não poderia ser, ao lado do turismo, uma das grandes fontes de renda para o Brasil, como o cinema foi e é para os Estados Unidos. Alguma estrela de Hollywood, do passado ou do presente, "vendida" para o mundo com o seu glamour fabricado e artificial, compara-se ao magnetismo e ao gênio de nossos jogadores de futebol? Por que não vendemos ao mundo, para riqueza de todo o povo brasileiro, nosso futebol?

ESCRITOS DE UM JURISTA MARGINAL

14 – Justiça para os pobres[13]

Embora este texto tenha sido escrito sob a emoção de uma perda familiar, seu significado transpõe esse aspecto pessoal.

O que se exalta aqui é a Defensoria Pública, como instituição essencial à prestação jurisdicional e, ao lado da Defensoria Pública, exalta-se a grandeza ética do serviço gratuito que advogados prestam.

Paulo Estellita Herkenhoff foi exemplo de advogado comprometido com o serviço aos humildes.

Até meu ingresso na magistratura, fomos sócios de escritório em Cachoeiro de Itapemirim.

Com ele muito aprendi, mais que tudo lições de vida.

A Defensoria Pública, como instituição nacional, é de criação relativamente recente. Responsável pelo patrocínio dos interesses das pessoas pobres, em juízo e fora dele, sua existência é prevista na Constituição Federal. Com acerto, a Constituição define a Defensoria Pública como indispensável à realização da Justiça.

Mas houve tempos em que não havia defensores públicos, na maioria dos Estados brasileiros, inclusive no Espírito Santo. Eram os juízes que nomeavam os advogados para a defesa dos pobres. O critério mais freqüente para a nomeação era o do rodízio. Tinha a vantagem de repartir, de maneira eqüitativa, entre os profissionais do Direito, o ônus de defender gratuitamente os pobres.

---

[13] Publicado em *A Gazeta*, de Vitória, edição de 1° de junho de 1998.

Aceitar a defesa dos pobres, por designação do juiz ou da OAB (nos Estados em que a OAB fazia a distribuição) constituía dever ético. Incorria em censura administrativa e moral o advogado que recusasse a colaboração. Receber simplesmente o encargo era objetivamente obrigatório. Desdobrar-se em zelo, na defesa dos pobres, assinalava o alto padrão ético e o elevado senso de humanismo de alguns advogados. Vejo a instituição da Defensoria Pública como um grande avanço no sentido da democratização da Justiça. Mas não me parece que a Defensoria Pública tinha que acabar de todo com a figura do "advogado dativo" (justamente aquele advogado "dado" pelo juiz, em benefício do autor ou réu pobre). A situação é parecida com a dos médicos. A existência da medicina pública não impede que o médico exerça, voluntariamente, a medicina gratuita. Conheço médicos que dedicam, em caráter permanente, algumas horas da semana para atender pessoas pobres.

Não queremos com isso exonerar o Estado do seu dever de proporcionar "assistência médica gratuita" ou "assistência jurídica gratuita" aos pobres. Essa assistência é imperativa, a negação dela é um abuso e uma violência. A prestação médica, assim como a prestação jurídica, não é favor, mas dever inerente à própria existência e justificação do Estado.

O serviço profissional voluntário é um acréscimo, é um gesto que dignifica e engrandece, tanto a toga negra do advogado, quanto a veste branca do médico.

Estas reflexões me ocorrem no momento em que Cachoeiro de Itapemirim perde um de seus advogados. Naquela cidade que sempre foi um celeiro de virtudes cívicas e humanas, Paulo Estellita Herkenhoff integrava aquele grupo de advogados que defendia os pobres com garra, altivez e a chama do ideal. Parece que sua inteligência alcançava outras esferas, que sua criatividade assistia ao poder da multiplicação, que seu sangue ardia

ESCRITOS DE UM JURISTA MARGINAL **49**

com mais força quando seu defendido era um pobre. No exercício da defesa gratuita, elaborou teses inovadoras, provocou avanços na jurisprudência e profetizou idéias que vieram posteriormente a integrar a lei.

A vitória, numa dessas causas de pessoas pobres ou miseráveis, dava-lhe a alegria que só os valores espirituais podem proporcionar ao sedento e faminto coração humano.

Partiu ao encontro das bem-aventuranças. E sobretudo daquela que diz:

"Bem-aventurados os que têm fome e sede de Justiça porque eles verão a Deus".

15 – Direito e psicanálise

Debruçar-me sobre o íntimo das pessoas, buscar as razões existenciais profundas marcou meu trabalho como Juiz de Direito desde os tempos em que exerci a função no interior do Estado do Espírito Santo.

Na Comarca de Mucurici (19-5-1967), mandei arquivar inquérito contra Prisilino, que tentou o suicídio, por ciúme de "Adotiva", a mulher que fez dele um tresloucado. Na minha decisão, lembro Otelo, cuja tragédia se repete. Observo que o suicida é vítima de sua própria perturbação emocional. Está com razão Alceu Amoroso Lima, quando considera os suicidas seres superiores, dotados de uma sensibilidade profunda.[14] Procurei ver, no ato de Prisilino, o universo que o atormentava. Prisilino comparece perante o Estado, na pessoa de seus agentes, mas longe de ser julgado, deve ser compreendido. A lei nunca é geral e abstrata, mas radicada no subjetivismo. Cumpria descer a Prisilino e ouvi-lo.

Em São José do Calçado (26-2-1969), nego a qualificação de vadio a um ex-presidiário que não encontrava trabalho. O caso não podia ser examinado dentro dos balizamentos simplesmente jurídicos, sem descida ao mundo da pessoa envolvida. A lei não é externa e racional, nem é uma realidade autônoma. Pelo contrário, encontra seu

---

[14] Cf. LIMA, Alceu Amoroso. *Cartas do pai. De Alceu Amoroso Lima para sua filha madre Maria Teresa*, OSB. São Paulo, Instituto Moreira Salles, 2003, p. 195 e s.
A opinião sobre o suicídio é externada por Alceu numa carta que escreve, em 1961, a propósito do suicídio de Péricles de Andrade Maranhão, autor do famoso tipo caricatural "O Amigo da Onça".

ESCRITOS DE UM JURISTA MARGINAL

fundamento na linguagem do simbólico, segundo a Psicanálise. Cabia, pois, compreender Carlito, o ex-preso.[15] O cruzamento da Psicanálise com o Direito aprofundou-se em minha reflexão teórica e despontou forte na defesa de tese para a Docência Livre da Universidade Federal do Espírito Santo, em 1979, quando propugnei pela aplicação do Direito à luz de uma perspectiva axiológica, fenomenológica e sociológico-política.[16] O texto que se segue (sem as notas de rodapé) foi publicado como artigo no jornal "A Gazeta", de Vitória, em 17 de novembro de 1995. No ano anterior, eu havia participado, em Curitiba, do Primeiro Congresso Brasileiro de Direito e Psicanálise.

O debate das questões de Direito tem sido cada vez mais freqüente, na imprensa em geral.

Vejo o fenômeno como extremamente positivo. Demonstra que cresce, na consciência da sociedade, a dimensão da cidadania.

Mas um aspecto não me contenta. Na mente dos profissionais do Direito, parece preponderar a idéia de que o Direito se esgota nele mesmo.

Ainda são limitados a círculos estreitos os esforços para se ter do fenômeno jurídico uma compreensão multidisciplinar.

Parece-me que, com mais constância, profissionais não-jurídicos buscam os canais de comunicação de suas ciências com o Direito, do que o contrário.

Assim, por exemplo, um grupo de psicanalistas convidou-me a discutir as relações do Direito com a Psicanálise.

---

[15] Cf. HERKENHOFF, João Baptista. *Uma porta para o homem no Direito Criminal*. Rio de Janeiro, Editora Forense, 1980. (O ano é o da primeira edição).

[16] Cf. HERKENHOFF, João Baptista. *Como Aplicar o Direito (à luz de uma perspectiva axiológica, fenomenológica e sociológico-política)*. Rio de Janeiro, Forense, 1979. (Ano da primeira edição do livro).

Vejam que tema instigante os psicanalistas me propuseram: "a lei para a ordem jurídica e para a Psicanálise". Coloquei para reflexão e debate as idéias que se seguem.

A lei para a ordem jurídica é externa, racional, contemporânea aos fatos. Emanada de uma autoridade legítima, endereçada ao bem de todos, autodefine-se como geral, abstrata e neutra.

A lei para a ordem jurídica é externa no seguinte sentido. Pretende impor uma pauta de comportamento individual e social para todas as pessoas indistintamente. Mesmo as exceções que se admitem a essa pretendida generalidade, são também exceções generalizadoras. No Direito Penal, por exemplo, as condutas são tipificadas: reunidos os elementos objetivos que integram o tipo criminal, tem-se como realizada a ação ou omissão criminosa.

No esquema mental do jurista, a lei é racional porque fundada no pretenso objetivo de organizar direitos e deveres, dentro de uma "sociedade civilizada".

A lei jurídica é contemporânea aos fatos. Baseada no presente, as remissões ao passado, à história individual são tímidas.

A lei sempre se define como emanação de uma autoridade legítima. Mesmo os regimes ditatoriais invocam legitimidade.

A lei, na ótica estrita do jurista, define-se como endereçada ao bem de todos. É geral, abstrata e neutra. Advém, como que por encanto, de uma sociedade civil submetida ao império da lei.

Num arremate final, a lei, na visão rígida do jurista, é uma realidade autônoma, parte integrante de um mundo conceitual organizado em categorias intelectuais.

Que visão extremamente diversa advém do tratamento dado ao tema pela Psicanálise.

ESCRITOS DE UM JURISTA MARGINAL

A lei para a Psicanálise é interna. Cada indivíduo é um universo.

Na visão psicanalítica, a lei é irracional porque o comportamento humano é ditado pelas pulsões, pelo desejo, pelo inconsciente, não pela racionalidade. Ainda na perspectiva do psicanalista, a lei baseia-se fundamentalmente no passado, no inconsciente, na ancestralidade.

Para a Psicanálise, a lei emana de uma autoridade que *é, por ser*, não porque tenha o direito de ser. Essa autoridade é aceita pelo sujeito passivo da relação, ou pela imposição de poder da própria autoridade, ou pela busca de paternidade do ser humano, reclamada pela orfandade em que se encontra.

A lei, no universo da Psicanálise, nunca é geral, abstrata e neutra, mas plantada no subjetivismo.

A lei, segundo a Psicanálise, não é uma realidade autônoma, mas realidade íntima que encontra seu fundamento último na linguagem do simbólico.

No divã do psicanalista, nós descobrimos as misérias e as grandezas de nossa condição humana. A lei é a busca desesperada da sobrevivência de cada um, a clareira no abismo, a paz na guerra íntima, o acolhimento no abandono, o chão no exílio existencial, a resposta no conflito dilacerante.

Há imensa utilidade numa troca de perspectivas entre juristas e psicanalistas.

Para a Psicanálise, a meu ver, será certamente útil debruçar-se sobre essa realidade que é a lei jurídica. Refletir o quanto a lei jurídica está introjetada no inconsciente, na história individual e na história social, o quanto representa, como ideologia, de força fundante do comportamento. Refletir sobre os conflitos e dramas que a lei jurídica provoca no universo dos seres humanos, justamente pela sua inflexibilidade e conseqüente incapacidade de compreender e apreender o que ela própria define como desarmonioso, desencontrado, desconforme. Para o jurista, o confronto com a Psicanálise é a chave de uma nova compreensão do jurídico.

Na vida profissional de juiz, mesmo antes do encontro com a Psicanálise, rompi com uma visão estreita e auto-suficiente de lei jurídica. No mundo pessoal, foi como uma premonição a respeito da relação entre Psicanálise e Direito.

Creio que esse rompimento ampliou, no meu ofício, as possibilidades de distribuir Justiça com olhos postos no drama humano.

16 – Um negro no Supremo

Este texto foi publicado em maio de 2003.[17] É uma página de júbilo pela nomeação de um jurista negro, digno e competente para o Supremo Tribunal Federal. Outros esquecimentos, outros esquecidos são mencionados pelo artigo, que advoga seja a constituição do Supremo Tribunal Federal presidida por critérios democráticos.

É inacreditável que só agora um negro tenha sido indicado para o Supremo Tribunal Federal. Não faltam hoje e não faltaram, em outros tempos, brilhantíssimos juristas negros, credenciados para ocupar uma cadeira no nosso mais alto tribunal.

Só a discriminação racial permitiu que a suprema corte de Justiça deste país branco, negro, miscigenado fosse até hoje, exclusivamente, uma Corte de brancos.

Nesta leva de nomeações, Lula escolheu um advogado do pequenino Estado de Sergipe. Ainda aí agiu bem o Presidente.

Há um imperialismo interno, que devemos tratar com delicadeza, fraternidade e respeito, mas que não pode deixar de merecer nossa observação crítica. Trata-se de uma idéia consciente ou inconsciente que "carimba" com o selo da autoridade tudo que é produzido pela inteligência dos dois maiores Estados brasileiros, relegando a segundo plano os outros Estados da Federação.

---

[17] Cf. *A Notícia*, de Joinville, edição de 11 de maio de 2003. É sempre com muita alegria que o autor faz remissão a publicações anteriores de textos seus, no jornal "A Notícia", de Joinville. Os avós do autor, pela linha paterna, integraram o grupo de imigrantes alemães que fundaram essa cidade catarinense, na qual nasceu seu Pai.

Não se pode aceitar a autoridade que decorre do poder econômico, do poder político ou de qualquer outra espécie de poder.

Todos os Estados da Federação podem comparecer com seu quinhão de oferta, no campo das idéias. Universidades que se espalham pelo território nacional podem todas trazer sua contribuição para a reflexão coletiva. Jornais publicados nos mais diversos espaços do Brasil devem ser lidos fora das regiões onde circulam, hoje inclusive com o auxílio da internet. Livros que vêm à luz aqui e ali, alguns com a chancela de editoras locais ou regionais, merecem circular amplamente. A jurisprudência dos tribunais e as decisões de primeiro grau, venham de onde vierem, devem ser alvo de atenciosa pesquisa.

Esse alargamento da compreensão de que o saber, o estudo, a criatividade, no campo do Direito e noutras áreas, alcança o país inteiro, de norte a sul, só poderá enriquecer o cabedal de nosso patrimônio cultural e contribuir para o fortalecimento da Federação e da nacionalidade brasileira.

É indispensável que as escolhas que se destinem a compensar os esquecidos sejam escolhas criteriosas. Obviamente, de nada adiantaria escolher negros, mulheres, juristas de Estados pequenos se esses juristas tiverem o pensamento cristalizado, conservador, sem abertura para dar rumos novos à fala dos tribunais.

O Dr. Carlos Augusto Ayres Freitas de Britto, o jurista sergipano escolhido, foi meu companheiro de mesa, na Conferência Nacional dos Advogados, que se reuniu em Salvador, em novembro de 2002. A essa Conferência Lula compareceu, já eleito Presidente.

Os escolhidos serão sabatinados pelo Senado Federal, uma vez que as nomeações dependem de prévia aprovação, por maioria absoluta, daquela casa legislativa. A consciência de cidadania aconselha que nomes

ESCRITOS DE UM JURISTA MARGINAL

indicados para o Supremo sejam discutidos e submetidos ao crivo da opinião pública. Essa etapa de complementação da escolha não deve ser meramente protocolar. Se o Presidente é quem escolhe, a decisão final deve caber à opinião pública, em debate amplo sobre a seleção feita pelo critério presidencial.

17 – Direito alternativo

Pretendemos definir aqui o que se deva entender por Direito Alternativo e examinar a contribuição que o Direito Alternativo e outras correntes inovadoras podem proporcionar ao avanço do pensamento e da prática jurídica. Será procedente a posição daqueles juristas que afirmam ser fiéis cumpridores da lei para eximir-se de qualquer compromisso com a transformação social?

Nunca tive consciência de ser um "alternativista". Exercendo a magistratura no Estado do Espírito Santo, o que sempre busquei fazer foi proporcionar ao povo a melhor Justiça possível, segundo os ditames de minha consciência.

Mas nem sempre compreendido, às vezes até censurado, senti-me órfão. E foi assim que recebi, como uma oferta generosa de paternidade, o acolhimento dos alternativistas: "Herkenhoff, você é dos nossos".

Amílton Bueno de Carvalho, considerado, com freqüência, o "pai do Direito Alternativo", chegou a declarar, em conferências, tanto no Paraná, quanto em Santa Catarina, referindo-se (é claro que com exagero) ao réprobo capixaba: "Já que vocês me chamam de pai, quero lhes apresentar João Baptista, o avô do Direito Alternativo".

Freqüentemente, as opiniões sobre o Direito Alternativo não são forjadas num debate sério e conseqüente.

A culpa pelos equívocos e pela má informação não cabe, a meu ver, apenas àqueles que pretendem denegrir as novas correntes. Também entre os chamados "alternativistas" vejo desvios e omissões. Há muito chão a percorrer, muito debate a travar, muita reflexão a fazer.

ESCRITOS DE UM JURISTA MARGINAL

E tudo realizar com muita seriedade, dentro dos mais rigorosos princípios da Metodologia Jurídica.

Tentando conceituar o Direito Alternativo, escreveu Tarso Fernando Genro: "O Direito Alternativo não é o não-direito, muito menos um direito inventado ou simplesmente intuído. (...) Ele é a melhor possibilidade de um sistema jurídico, dada pelos conflitos sociais e individuais que o geraram, pela sua história e pela cultura da sociedade em que ele emerge. Não é o arbítrio do Indivíduo-Juiz, nem sua simples vontade política perante a crise de um sistema."[18]

Carlos Simões exalta a contribuição do Direito Alternativo para o avanço das idéias jurídicas. Timbra que é uma forma de pensar o Direito oposta ao modelo tradicional. Mas adverte que é preciso que ocorra um aprofundamento nas investigações.[19]

O Direito Alternativo não é alternativo em relação ao nada, mas alternativo em relação ao que está posto.

Explicando com outras palavras: o Direito Alternativo não é um conceito absoluto, que se esgotasse nele próprio. É um conceito relativo, porque referido a uma realidade histórica.

Dentro de um sistema que pretende a representação da verdade absoluta, o Direito Alternativo é porta-voz e provocador da contradição.

Em síntese, a meu ver, o Direito Alternativo é:

- de um lado, a soma de concepções teóricas que se opõem à visão corrente do Direito, conscientemente conservadora ou simplesmente conservadora porque acomodada;

- de outro lado, é um conjunto de práticas jurídicas que contrastam com a maneira dominante de exercitar o Direito.

---

[18] Tarso Fernando Genro. "Os juízes contra a lei". In: *Lições de Direito Alternativo*. São Paulo, Editora Acadêmica, 1991, p. 26 e s.

[19] Carlos Simões. *O Direito e a Esquerda (crítica dos conceitos fundamentais)*. São Paulo, Editora Acadêmica, 1994, passim.

O Direito Alternativo afirma que toda concepção de Direito e toda prática jurídica é política, neste sentido: serve à conservação das estruturas sociais, ou é instrumento de busca de sua transformação. Em face de dogmas como o da neutralidade da lei e o da igualdade de todos perante ela, contrapõe o Direito Alternativo:

- a tese de que o Direito não é neutro, é sempre alimentado por uma concepção de mundo e de homem;

- a tese de que a igualdade perante a lei é uma falsidade dentro de uma sociedade, não apenas desigual, mas escandalosamente desigual, como a sociedade brasileira.

O Direito Alternativo denuncia a postura hipócrita dos que se protegem de qualquer compromisso com a transformação social, sob o escudo de serem fiéis cumpridores da lei.

Suprimir as injustiças estruturais, submeter a pauta legal a uma interpretação intervencionista – é dever que a Ética impõe ao jurista.

O Direito Alternativo, a meu ver, como tenho afirmado em outros livros, não é uma escola porque escola supõe estratificação de conceitos. Uma tal estratificação anularia o próprio significado do Direito Alternativo.

O Direito Alternativo é um desafio para tudo ver com novos olhos, não comprometidos com os interesses dos que querem manter tudo do jeito que está.

Não me parece que a corrente denominada "Direito Alternativo" monopolize todos os esforços de discussão crítica do Direito e de renovação nas práticas, hábitos e modo de ser de juízos e tribunais.

Outras correntes que surgiram ou que surjam, inspiradas nos mesmos propósitos de renovação, independência mental, honestidade de propósitos – colaboram na empreitada de colocar o Direito e o buril do jurista a serviço da construção de uma sociedade mais justa.

Que papel tem o jurista se seu caminho não for este?

ESCRITOS DE UM JURISTA MARGINAL

18 – Responsabilidade penal de menores

Debate-se aqui o tema da redução da idade para a responsabilidade penal dos menores.
A grande maioria da população está a favor dessa redução. Mas isso obviamente não nos impede de assumir posição contrária ao entendimento dominante. Nunca nos preocupou defender idéias minoritárias. Sempre nos preocupou ser fiel e nunca trair a própria consciência.

Um tema que muito me preocupa é a constante tentativa de reduzir a idade penal dos menores.

Num outro livro (*Ética, Educação e Cidadania*), homenageamos Mário Gurgel, um militante capixaba da causa do menor.

Mário Gurgel foi dessas figuras que entendeu a luta pelo menor, com a mediação do amor, dos instrumentos pedagógicos, da vontade política que pode alterar substancialmente a realidade. Quando nos lembramos de Mário Gurgel, ficamos estarrecidos com aqueles que pretendem resolver a questão do menor por caminhos exatamente opostos aos desejados por ele: repressão, isolamento, castigo, extermínio.

O art. 228 da Constituição Federal diz que "são penalmente inimputáveis os menores de dezoito anos, sujeitos às normas da legislação especial".

O art. 60, § 4º, inciso IV, da mesma Constituição, diz que não serão objeto de deliberação as propostas de emenda constitucional tendentes a abolir direitos e garantias individuais. A maioridade penal é cláusula pétrea, não pode ser alterada. Bastaria esse argumento para inviabilizar as propostas, sempre recorrentes, de reduzir a responsabilidade penal do menor.

Mas aceitamos, apesar disso, avançar no debate de outros aspectos do tema.

Principiaríamos por uma questão mais geral. A Constituição foi votada em clima de amplo debate nacional. Não há legitimidade para nenhuma alteração constitucional sem amplo debate e intensa participação popular. Sobretudo não há legitimidade para alterar a Constituição em questões essenciais, sem que se atendam esses requisitos.

A redução da idade da maioridade penal é "cortina de fumaça": esconde um problema, evita seu enfrentamento. Precisamos de políticas públicas para assegurar uma vida digna a crianças e adolescentes. Precisamos de mudanças estruturais que ataquem os verdadeiros males do país, e não de "tapar goteira". O problema não é este de rebaixar a idade da maioridade penal. Mas as elites dominantes do Brasil são useiras e vezeiras em estimular a discussão das questões laterais, para fugir das questões essenciais.

Mesmo como paliativo, a redução da maioridade penal não resolve o problema da criminalidade infantil e juvenil. Da mesma forma que a responsabilização penal dos maiores e os presídios superlotados não estão resolvendo o problema da criminalidade em geral.

Atacam-se as garantias constitucionais em favor da criança e do adolescente, bem como o Estatuto da Criança e do Adolescente, como se Constituição e Lei fossem responsáveis pelo atual estado de coisas. Na verdade, a situação de crianças e adolescentes não se alterou concretamente, não por causa da Constituição e do Estatuto, mas simplesmente pelo oposto. A Constituição, na parte relacionada com crianças e adolescentes, e o Estatuto da

ESCRITOS DE UM JURISTA MARGINAL **63**

Criança e do Adolescente ainda não foram efetivamente implementados. Por enquanto, os direitos de crianças e adolescentes permanecem no papel, salvo esforços isolados, altamente meritórios, de alguns magistrados e de administradores que tentam remar contra a maré da omissão generalizada.

Para rebaixar a idade da responsabilidade penal, o Brasil teria de denunciar convenções e compromissos que assinou, inclusive a Convenção das Nações Unidas sobre os Direitos da Criança.

Atente-se para o fato de que os crimes praticados por menores de 18 anos representam 10% do total. O excessivo alarme relativamente a atos anti-sociais praticados por menores de 18 anos é uma distorção da realidade, com o objetivo de reforçar a tese do rebaixamento da maioridade penal.

É falsa a idéia de que menores de 18 anos sejam totalmente irresponsáveis. O Estatuto da Criança e do Adolescente prevê medidas socioeducativas para menores de 18 anos que pratiquem atos definidos como infrações penais: advertência, obrigação de reparar o dano, prestação de serviços à comunidade, liberdade vigiada e internação, esta com o prazo máximo de 3 anos, podendo alcançar os 21 anos. Essas medidas são as adequadas para crianças e adolescentes, justamente pela especificidade da situação em decorrência da idade. Buscam a reinserção do adolescente infrator na comunidade.

O sistema carcerário não é um sucesso, de modo a que se pensasse ser um mal privar crianças e adolescentes da possibilidade de desfrutar dos benefícios do sistema. O sistema carcerário é péssimo e é de todo inconveniente incorporar um contingente de menores e adolescentes a um sistema falido.

Na maioria dos países, a maioridade penal é atingida aos 18 anos (55%). Há países onde a maioridade penal é aos 21 anos, como na Suécia e no Chile. Os países onde a responsabilidade é atingida aos 16 anos ou menos constituem minoria (21,5%). Cabe finalmente refutar dois sofismas bastante correntes: o primeiro fundamenta-se no direito de voto dos menores. Observe-se que o voto é facultativo e que o menor não tem direito à elegibilidade. E o voto para menores tem finalidade pedagógica: a de educar o adolescente para o exercício da cidadania.

Outro sofisma baseia-se na proposta do direito de dirigir veículo, beneficiando menores. A proposta não foi aprovada, mas mesmo que fosse, endereça-se a uma parcela ínfima da população de jovens. Nada tem a ver com a tese da redução da responsabilidade penal.

Em vez de repressão contra menores, talvez conviesse meditar sobre o contrário, sobre a proteção dos menores e os cuidados de que são credores numa sociedade que se pretenda minimamente humana.

ESCRITOS DE UM JURISTA MARGINAL

19 – TV e rádio devem cumprir seu papel educativo

Este texto fala da importância do debate, na formação da cidadania. Mostra como é inconveniente o debate superficial de questões. Aponta os vícios que decorrem da imposição ideológica de atitudes através da televisão. Defende a regionalização dos programas. Discute a conveniência do controle social sobre o rádio e a televisão. Realça o compromisso educativo dos meios de comunicação. Pede que se cumpra a Constituição Federal de 1988 e que se coíba o uso da televisão e do rádio como instrumentos de embrutecimento do povo brasileiro.

Atrás de uma leitura linear do texto, percebe-se que a mensagem pretendida é defender a necessidade de democratizar a televisão.

Impõe-se a democratização dos meios de comunicação e especialmente da televisão. Não pode haver democracia real, se um grupo limitadíssimo de pessoas "faz a cabeça" daquela parte da população que não lê jornais, nem revistas e livros, mas que se guia pela "telinha" colorida.

De início, é preciso que haja uma maior regionalização dos programas. Mesmo os fatos nacionais deveriam ser interpretados e discutidos à luz das realidades locais, por jornalistas locais, por pessoas da comunidade. Vigora presentemente um monopólio da inteligência carioca e paulista, como se só houvesse pensamento nas duas grandes capitais do país. Nas diversas redes, o tempo destinado às programações locais não condiz com o respeito que merecem o senso crítico e a criatividade das comunidades telespectadoras. Com programação mais regionalizada, seria possível um maior controle da sociedade sobre os meios de comunicação.

A regionalização ampliará o mercado de trabalho para os profissionais comunicadores. Contribuirá também para que se preservem as riquíssimas culturas regionais brasileiras.

É preciso que haja conselhos éticos dentro de cada emissora, com participação de jornalistas e representantes da comunidade. Também deve ser maior o poder dos comunicadores dentro de cada veículo. A frase de Assis Chateaubriand, captada por Fernando Moraes, de que para ter opinião própria era preciso que o jornalista fosse dono do meio de comunicação, não pode prosperar, se temos uma concepção não-autoritária de imprensa.

Televisão é serviço público, é instrumento de educação popular, como também o rádio.

Há uma profunda diferença entre rádio e televisão, de um lado, jornais e revistas, de outro.

Os jornais e revistas são comprados nas bancas. De alguma forma, os pais podem exercer seu mister pedagógico orientando as leituras dos filhos.

Já a imagem da TV e as ondas do rádio não pedem licença para entrar em nossas casas. Podem falar aos filhos, sem o consentimento dos pais. Assim, a sociedade tem o direito de controlar essa máquina, para não ser por ela controlada e escravizada.

A violência na TV tornou banal a violência.

A supressão de qualquer referência ética caracteriza alguns dos programas de maior audiência.

A sociedade foi consultada se concorda com todo esse culto da violência, com a supressão da ética no universo televisivo?

A outorga e a renovação das concessões deveria ser submetida a controle da sociedade. Canal que sistemati-

ESCRITOS DE UM JURISTA MARGINAL **67**

camente desinforma, deseduca e embrutece deve ser cassado, ou ter prazo, concedido por representantes da sociedade, para enquadrar-se a padrões civilizados de comunicação, sob pena de cassação da licença. Seria extremamente útil algum controle dos jornalistas das afiliadas na condução das emissoras matrizes. Numa outra vertente, muito bom seria que a sociedade civil organizada, através de suas instituições, premiasse programas positivos de televisão, incentivasse uma linha educativa nas transmissões, destacasse com elogio a publicidade com mensagem humanamente construtiva, enobrecesse com a palma do reconhecimento o telejornalismo honesto e investigativo.

Como sociedade civil, não podemos nem devemos concordar em ser mero apêndice dos que controlam, pela televisão, a opinião pública brasileira.

Na afirmação da cidadania, temos de exigir que se cumpra a Constituição Federal de 1988, cujo art. 221 estabelece textualmente:

Art. 221. A produção e a programação das emissoras de rádio e televisão atenderão aos seguintes princípios:

I – preferência a finalidades educativas, artísticas, culturais e informativas;

II – promoção da cultura nacional e regional e estímulo à produção independente que objetive sua divulgação;

III – regionalização da produção cultural, artística e jornalística, conforme percentuais estabelecidos em lei;

IV – respeito aos valores éticos da pessoa e da família.

Que rádio e TV cumpram, pois, seu papel social.

20 – Celebrar a anistia

O "Dia da Anistia Brasileira", celebrado em 28 de agosto de cada ano, não é uma data que viesse a perder significado, à medida que nos afastássemos da data originária, ou seja, à medida que nos distanciássemos de 28 de agosto de 1979. Esta página defende a idéia de que há uma permanência no "Dia da Anistia Brasileira", como lição cívica para todo o povo e especialmente para os jovens. Uma parte deste escrito resume a idéia central que pretende passar: "Atrás do episódio 'Anistia' o que existe é o reconhecimento de que, num país, devem conviver os contrários. Uma suposta verdade não pode ser 'decretada' para obrigar todas as consciências".

28 de agosto – "Dia da Anistia Brasileira", uma data que deve ser rememorada todo ano.

A Anistia foi conquistada em 1979. O sonho transformou-se em realidade através da Lei n° 6.683, de 28 de agosto de 1979. Constituiu condição *sine qua non* para que ultrapassássemos o longo período do regime instaurado no país em 1964.

A Anistia tem tão relevante sentido ético que, a nosso ver, deve ser estudada, interpretada e discutida amplamente, nas escolas, nos meios de comunicação, nas igrejas, porque suplanta o episódio de sua consagração legislativa.

Atrás do episódio "Anistia", o que existe é o reconhecimento de que, num país, devem conviver os contrários. Uma suposta verdade não pode ser "decretada" para obrigar todas as consciências. Este é o fundamento filosófico, ético, político que autoriza fazer da Anistia um tema indispensável à formação da Cidadania e ao aprimoramento do sentimento de brasilidade.

A História não se pode perder. Povo sem História é povo sem Alma.

É o sentido de tempo que impede o esquecimento do passado.

A Anistia foi fruto da luta popular organizada. Por força da pregação, firmou-se a convicção de ser a Anistia uma imposição de Justiça e rota inafastável para que o Brasil retomasse a via democrática.

Num país sufocado pela censura, pelos sofisticados aparelhos de informação, pela repressão, a ditadura parecia intransponível e eterna. Mas houve união, vontade, esperança, utopia... Utopia que é força a mover a História.

Lutamos desde o primeiro momento em favor da anistia ampla, geral e irrestrita. Integramos, como magistrado da ativa, o Comitê Brasileiro pela Anistia. É um fato que, com imensa alegria, temos a honra de inscrever em nossa modesta biografia. Discursamos em favor da Anistia, nos espaços públicos possíveis, nos espaços da resistência, "ainda que a liberdade fosse pequena". Participamos de reuniões e de ações coletivas.

Batalhar pela Anistia, principalmente quando o movimento eclodiu, tinha a rejeição de muitas pessoas. Que um juiz da ativa estivesse envolvido nessa atividade era bem estranho para muitos. Só voltando no tempo é possível compreender o sentimento de desaprovação ao magistrado que se inscrevia nessa trincheira, sobretudo porque esse magistrado somava outras atitudes não-convencionais.

Mas digo, sobretudo aos jovens: nada devemos temer se estamos tranqüilos com a própria consciência.

Sociedade democrática é sociedade plural. A não-aceitação do pluralismo foi, a meu ver, no plano ideológico, a principal causa da longa sobrevivência do regime de 1964. O Brasil, no curso de sua História, encontrou por diversas vezes o caminho da Anistia como instrumento de superação de ódios e de transposição de fases políticas marcadas por divergências profundas, no interior da Nação. Celebrar a Anistia é celebrar o diálogo, a aceitação da diferença, a necessidade do confronto de idéias e posições políticas como requisito da vida democrática. Celebrar a Anistia é afirmar o destino do Brasil no caminho dos confrontamentos que se respeitam, das oposições que se manifestam. Celebrar a Anistia é ter confiança neste país, que está sempre a encontrar soluções criativas para suas dificuldades. Celebrar a Anistia é dizer aos jovens, com a autoridade dos cabelos grisalhos, que nosso país, apesar de todas as dificuldades do presente, tem um papel a cumprir e uma palavra a dizer, neste mundo marcado por tantas incompreensões.

ESCRITOS DE UM JURISTA MARGINAL

21 – Deve a justiça ser controlada?[20]

O gancho para estas reflexões foi uma entrevista concedida pelo Presidente do Supremo Tribunal Federal à revista "Veja", em setembro de 2003. Mas o que aqui se diz não tem o interesse transitório marcado por uma simples data.

Na verdade, a nosso ver, estas colocações transpõem até mesmo um eventual acolhimento constitucional do "controle externo do Judiciário".

Para demonstrar a permanência do texto, basta refletir como ainda será, infelizmente, por muito tempo, verdadeira esta sentença:

"A sociedade civil em geral e as organizações populares, em particular, têm constatado que a Justiça é muitas vezes surda ao clamor dos que pleiteiam o Direito."

Esta página caminha no sentido de fazer coro com as vozes que apelam para que a Justiça seja democratizada.

A forma de efetivar o controle externo do Poder Judiciário é tema que exige muita reflexão e responsabilidade.

Um controle mal concebido pode piorar a Justiça, em vez de melhorá-la, como se impõe.

A repercussão de recente entrevista do presidente do Supremo Tribunal Federal, publicada em revista de grande circulação, demonstra quanto o povo está sedento de discutir a Justiça. Opiniões contrárias e favoráveis ao que disse o Presidente do Supremo foram externadas amplamente, inclusive nas "cartas de leitores" de inúmeros jornais.

---

[20] Publicado em *A Notícia*. Joinville, SC, 15/09/03.

Parece que todos concordam com uma premissa: a Justiça não existe para os juízes, advogados, promotores ou serventuários, mas para a coletividade.

Se a premissa é verdadeira, duas conclusões dela decorrem:

a) o serviço público prestado pelo Poder Judiciário deve ter como referencial o interesse do povo, sobretudo o interesse das grandes maiorias marginalizadas, órfãs do Direito e da chamada prestação jurisdicional;

b) a Justiça, em todas as suas instâncias e órgãos, deve estar sujeita ao controle da população.

A respeito do segundo ponto, mais polêmico que o primeiro, cabe uma advertência preliminar: não se trata de controlar as decisões proferidas em juízos e tribunais. Para este fim há os recursos, na própria esfera do Judiciário.

Quando se fala em "controle externo do Judiciário" tenha-se bem claro o problema a enfrentar. Trata-se da questão de ter a sociedade o direito de exercer controle administrativo e político sobre o Poder Judiciário. Em outras palavras: o povo tem o direito de exigir, através desse controle, que a Justiça seja transparente, democrática, eficiente, isenta de vícios que a desfigurem.

Se todo o poder emana do povo, não pode ser negado ao povo o direito de discutir e controlar o Poder Judiciário em seus aspectos globais, macroscópicos, políticos, de destinação, meios e fins.

Comecemos pelo próprio Supremo Tribunal Federal. Não é preciso ser jurista para ver que importância e poder tem um tribunal como esse. Entretanto, como são escolhidos os ministros? Que debate e publicidade existe em torno das escolhas? Que influência tem a sociedade civil nas nomeações? Que cabeça têm os ministros, quais as matrizes ideológicas e de pensamento que orientam seus votos? Que informação tem a sociedade a respeito daquelas pessoas que são os árbitros supremos de nossa vida e de nossa morte?

ESCRITOS DE UM JURISTA MARGINAL

Quando foi votada a Constituição de 1988, a sociedade teve uma oportunidade ímpar para criar um novo Supremo Tribunal. Os ministros do antigo Supremo podiam ter sido aproveitados no Superior Tribunal de Justiça, que a Constituição criou. E para o novo Supremo podiam ter sido feitas nomeações novas, sob o crivo do amplo debate de nomes, na esteira da participação popular que o processo constituinte desencadeou no Brasil. Mas preferiu-se transplantar para o novo Supremo os ministros do antigo Supremo, cortando-se na raiz qualquer projeto de transformação da Justiça brasileira.

A insatisfação com as estruturas judiciárias tem alimentado ações dentro da própria magistratura. Cite-se como expressivo exemplo a Associação "Juízes para a Democracia", fundada em São Paulo e que já congrega magistrados de diversos Estados brasileiros.

"Juízes para a Democracia" são juízes que abominam o corporativismo, que reagem à formação tecnicista e dogmática dos juristas, identificando nesse desvio um entrave à boa prestação jurisdicional. São juízes que encaram o Judiciário como autêntico serviço público e que reconhecem deva a Justiça estar sujeita ao controle dos cidadãos (embora sobre este segundo ponto não haja absoluta sintonia de posições entre os membros da instituição).

A sociedade civil em geral e as organizações populares, em particular, têm constatado que a Justiça é muitas vezes surda ao clamor dos que pleiteiam o Direito.

Dessa constatação resultou a criação de tribunais alternativos. Estes não expressam renúncia do direito de peticionar Justiça perante as cortes oficiais. Apenas pretendem os tribunais alternativos pressionar a Justiça para que faça Justiça. Tais tribunais integram a estratégia de luta pela democratização do Poder Judiciário, uma aspiração coletiva que está na ordem do dia.

A Justiça e o Direito têm um importante papel nesta fase de construção da democracia brasileira.

Por todas estas considerações, nem o Direito, como Ciência e como Arte, nem o Judiciário, como canal do povo em busca de Justiça, podem constituir feudos, ilhas, torres de marfim ou clubes fechados.

É preciso que amarras sejam rompidas para que a opinião pública penetre no território da Justiça como um espaço que lhe pertence.

ESCRITOS DE UM JURISTA MARGINAL

22 – Sociedade civil e crime organizado[21]

Este texto procura demonstrar a especificidade do "crime organizado" e a conveniência de um tratamento legislativo apropriado, para o enfrentamento do gravíssimo problema social que decorre desse tipo de criminalidade. Na perspectiva desta análise, as disposições do atual Código de Processo Penal a respeito da competência dos juízes, pelo critério da conexão das infrações, não bastam para abarcar todas as formas de atuação do crime organizado.

As mudanças legislativas preconizadas aqui ainda não foram implementadas. Esta página, publicada em 1999 no Jornal do Brasil, permanece absolutamente atual.

Pela primeira vez na História do Brasil estamos assistindo a um posicionamento forte da sociedade civil em face do crime organizado. Isto nos alegra porque vemos que estão sendo acolhidas teses que defendemos de longa data. As leis brasileiras ainda não acordaram para o fenômeno social e político que se denomina "crime organizado".

Se o braço do "crime organizado" comete um homicídio em Campos, outro em Belo Horizonte, mais um outro em Campinas, e um seqüestro em São Paulo, cada um desses crimes é tratado isoladamente, como se fosse uma entidade autônoma. Abre-se um inquérito para cada crime, presidido por um delegado de polícia. Ao

---

[21] Publicado no *Jornal do Brasil*, edição de 13/12/1999.

fim do inquérito, o promotor da respectiva comarca ou vara apresenta a denúncia. O juiz de Direito receberá a denúncia e fará processar o acusado ou os acusados. Esse processo correrá em meio às centenas ou milhares de outros casos existentes na vara respectiva.

O Código de Processo Penal prevê a competência dos juízes pelo critério da conexão das infrações, para abarcar delitos praticados em concurso. Mas o Código, a meu ver, está longe de surpreender todas as nuanças e malícias do crime organizado. O preceito atual não tem força para prender, numa só rede, a multiplicidade de ações da criminalidade organizada.

Os delitos do "crime organizado" têm característica muito própria. Sua marca é o "comando central", a organização, a utilização de sofisticada tecnologia. Outrossim, o "crime organizado" caracteriza-se por sua infiltração em setores de influência decisiva na vida social. Justamente essa infiltração na vida social, nas esferas dos poderes constitucionais, é que torna o "crime organizado" uma questão gravíssima.

Os crimes praticados no varejo são uma questão do cotidiano criminal. Da mesma forma que são praticados no varejo, podem ser apurados também no varejo: cada crime na sua jurisdição, subordinado às autoridades a que está afeto em razão do critério da chamada competência territorial.

Já com relação à criminalidade organizada, a idéia de competência meramente territorial é absolutamente inadequada. E as exceções à competência territorial, previstas no atual Código, não consideram a formidável engrenagem do "crime organizado". O Estado não pode enfrentar o "crime organizado" desconhecendo sua essência de comando, organização, liame estreito entre os episódios criminais.

Tratando o "crime organizado" como se crime organizado não existisse, como se cada crime mafioso fosse um crime solto, o Estado será absolutamente incapaz de

---

ESCRITOS DE UM JURISTA MARGINAL　　　　**77**

conter a criminalidade planejada e técnica. A dispersão e o fracionamento do Estado e da Justiça serão tragados pela organização, pelo comando unitário, pelas ações em cadeia do crime organizado.

Os crimes do varejo, segundo constato de minha experiência de juiz, têm causas sobretudo sociais e econômicas. Relativamente a esse tipo de criminalidade, uma magistratura pedagógica pode ter êxito pleno num projeto ressocializador em que se empenhe. A reinserção comunitária adequada pode atingir taxas surpreendentemente animadoras.

Já o "crime organizado" deve ser encarado numa outra perspectiva. Pelo poder que detém, envolve uma questão de sobrevivência da sociedade. Ou a sociedade desbarata o "crime organizado", ou o "crime organizado" acaba com a sociedade e o Estado.

Não estamos defendendo que se instituam "tribunais de exceção" para o "crime organizado". Tribunais de exceção são intoleráveis, contrários à Declaração Universal dos Direitos Humanos. Apenas defendemos a tese de mudanças legislativas que permitam o enfrentamento do "crime organizado" por uma polícia, uma Justiça e um Direito Processual Penal que apreendam o sentido de liame, comando, conexão, que caracteriza o "crime organizado". Compreendida a idéia do liame, seria preciso dar conseqüência a essa realidade sociojurídica.

Enquanto mudanças legislativas não são adotadas, a tomada de consciência da sociedade civil, quanto à seriedade do crime organizado, é fundamental. A partir dessa consciência, pressionam-se as autoridades omissas e aplaudem-se iniciativas corajosas, como as que têm partido do Ministério Público e de parlamentares comprometidos com o interesse coletivo.

23 – Direitos humanos, equívocos a corrigir

O autor cuida aqui de três frentes que ocupam os que se comprometem com os Direitos Humanos:
a) a luta por uma "civilização dos Direitos Humanos";
b) a transmissão de valores que constituem os lineamentos de uma "cultura dos Direitos Humanos";
c) a correção de equívocos correntes sobre o sentido do que são Direitos Humanos e do que significa a defesa deles.
Observa o autor que os dois primeiros compromissos trazem uma profunda satisfação íntima, mas que o terceiro, significando vencer preconceitos e incompreensões, causa um grande desgaste psicológico para os militantes.

Muitas e variadas tarefas têm ocupado mente e esforço dos militantes da causa dos Direitos Humanos. Isto não só no Brasil, como em muitos outros países.

Lutar por uma "Civilização dos Direitos Humanos" traz uma grande satisfação íntima. Essa alegria interior decorre sobretudo da consciência de que o fruto desta obra transpõe o tempo de nossa própria vida, o termo da existência individual, biológica.

Educar para os Direitos Humanos, transmitir valores que constituem o arcabouço de uma "Cultura dos Direitos Humanos" também recompensa a alma e retempera o ânimo.

Uma terceira tarefa tem de ser realizada, mas não é tão estimulante. Pelo contrário, é psicologicamente desgastante. Trata-se de corrigir tantos equívocos correntes

ESCRITOS DE UM JURISTA MARGINAL **79**

sobre o que são os Direitos Humanos, sobre o sentido da luta pelos Direitos Humanos.

É muito comum, por exemplo, a frase que procura identificar o "militante dos Direitos Humanos" como um "defensor de bandidos". Se esse conceito fosse emitido apenas em conversas ocasionais, não seria necessário grande empenho para esclarecer o equívoco. Pior é que essa falsificação de idéias transita por jornais, rádio e televisão, o que obriga os militantes da causa dos Direitos Humanos a uma empreitada hercúlea, uma vez que não dispõem dos mesmos meios de contra-argumentar. O ataque mencionado efetiva-se através de uma frase feita, que entra pelos ouvidos e dispensa racionalidade. A defesa da nobre causa dos Direitos Humanos exige explicações, funda-se na racionalidade.

Nenhum princípio do amplo "catálogo dos Direitos Humanos" dá embasamento para que os apoiadores desta luta sejam "defensores de bandidos".

Pelo contrário, uma das prioridades, em matéria de Direitos Humanos, é a denúncia da impunidade. Só que essa denúncia da impunidade não abarca apenas os criminosos individuais, os que assaltam e matam, os que estupram e praticam crimes hediondos que, com razão, provocam em nós um sentimento de repulsa. Os que lutamos pelos Direitos Humanos queremos também a punição dos poderosos, dos que comandam o crime organizado, dos que exploram o povo, dos que construem edifícios residenciais que desabam, dos que fraudam o erário público. De certa forma, a ação desses "grandes criminosos" provoca e estimula a criminalidade do varejo. Essa criminalidade do varejo é grave, sem dúvida, e perturba diretamente a tranqüilidade das pessoas. Porque interfere em nossa caminhada de volta para casa, depois do trabalho, essa criminalidade é mais sentida, mais visível que a criminalidade oculta dos poderosos. Entretanto, se nos debruçarmos sobre o problema com uma visão mais profunda, menos superficial, concluiremos que os "grandes criminosos" são muito mais nocivos à coletividade do que os "criminosos do varejo".

A idéia de Direitos Humanos exige que toda pessoa acusada de um crime seja julgada, na forma da lei, com direito de defesa e presunção de inocência até prova da culpa. Este princípio prevalece em favor dos indiciados e acusados poderosos. No caso de pessoas pobres, envolvidas com razão ou sem razão, em inquéritos ou processos criminais, tais garantias são inteiramente desconhecidas. Contra essa discriminação rebelam-se os que estão comprometidos com os Direitos Humanos.

Também desaprovam os militantes de Direitos Humanos a prática de procedimentos bárbaros como julgamentos sumários, linchamentos, assassinato de criminosos depois de reduzidos à condição de presos etc.

Sobre essas questões escrevemos uma "trilogia dos Direitos Humanos",[22] livros que, para minha alegria, andam a percorrer o Brasil. Essa trilogia foi fruto de nossa reflexão e de nossa prática. O tema parece essencial quando nosso espírito espanta-se perplexo em face da violência, da impunidade e da aparente falência dos mais fundamentais valores humanos.

---

[22] Os livros da trilogia são os seguintes: a) *Gênese dos Direitos Humanos*. Aparecida (SP), Editora Santuário, 2002 (2ª edição); b) *Direitos Humanos – a construção universal de uma utopia*. Aparecida (SP), Editora Santuário, 2002 (3ª edição); c) *Direitos Humanos – uma idéia, muitas vozes*. Aparecida (SP), Editora Santuário, 2003 (3ª edição).

24 – Fraude em adoção de criança?

O fato a respeito do qual gira este escrito teve ampla repercussão, noticiado pelos grandes jornais do país no dia 15 de maio de 2001.
No fragor do noticiário, o autor deu a público sua opinião, para discordar dos que pretendiam imputar como criminoso o ato de registrar filho alheio como próprio, nas circunstâncias em que o episódio aconteceu. Este texto foi primitivamente publicado no jornal A Gazeta, de Vitória, em 21 de maio de 2001. Aparece neste capítulo com pequenas mudanças de redação.

A assistente social Themis da Silveira, filha do Ministro do Supremo Tribunal Federal Néri da Silveira, falsificou o registro civil de uma criança, com o consentimento da mãe biológica, Josélia Gonçalves, para que sua vizinha Francinete Silva pudesse "adotar" o bebê.

Depois de ter assentido na "adoção", a mãe biológica se arrepende e denuncia o fato à autoridade competente.

A assistente social buscou a solução de simplesmente trocar o nome da mãe porque um processo normal de adoção, requerido por uma pessoa pobre, dificilmente tem sucesso, conforme declarou Themis. A "criminosa" acrescentou ter agido dessa forma de maneira "ingênua e irresponsável".

O fato ganhou repercussão nacional porque a mentora da "falsificação" é filha de um ministro do mais alto tribunal do país.

Se eu fosse juiz do caso, absolveria tranqüilamente Themis da Silveira como, em caso análogo, absolvi uma mãe adotiva em processo que correu em Afonso Cláudio, 30 anos atrás.

Sem dúvida, o caminho correto para uma adoção é aquele previsto na lei. Mas tem razão Themis quando, em defesa de seu ato, justifica que é muito difícil, para uma pessoa pobre, adotar uma criança pelos trâmites normais.

Vejo como equivocada a posição dos que encaram o Direito Criminal como se fosse um campo de conhecimento semelhante à Matemática.

Tenho como imprópria a doutrina que pretende ver na sentença criminal um silogismo. Se a sentença é considerada um silogismo, a lei é a premissa maior, o caso é a premissa menor, e a sentença judicial é a conclusão. Assim, a decisão do juiz seria um ato meramente racional.

Na hipótese, a premissa maior é a lei que considera crime o ato de registrar filho alheio como próprio. A premissa menor é o ato de Themis que consistiu na falsificação, objetivando o registro do filho de Josélia como se fosse filho de Francinete. A conclusão é considerar Themis como incursa no crime a que se refere a premissa maior, por ser autora da falsificação (premissa menor).

Não concordo de forma alguma com essa lógica fria.

A culpabilidade é um juízo de valor. A norma só tem sentido sob o crivo de sua relevância social.

É crime contra a família registrar filho alheio como próprio. Esse crime está previsto no Código Penal, artigo 242.

A relevância social desse artigo está na proteção do filho contra quem pretenda "subtraí-lo indevidamente dos pais". Não se ajusta ao tipo criminal, por falta da relevância social referida, o ato de quem registre filho alheio como próprio pretendendo usar esse caminho no lugar da adoção legal.

ESCRITOS DE UM JURISTA MARGINAL

A mãe biológica consentiu na "adoção", neste caso de Brasília. Só depois de consumada a suposta "falsificação" arrependeu-se.

Quem registra filho alheio como próprio, com a finalidade de adotar uma criança, porque a mãe, por qualquer razão, não pode criar o filho e o entregou a terceiro para ser acolhido num lar, obviamente não comete qualquer espécie de crime. Nem comete crime quem ajuda a "mãe adotiva" a efetivar essa adoção por portas travessas. Tanto a mãe quanto a assistente social Themis praticaram um ato sumamente digno e ético.

A jurisprudência e os precedentes brasileiros acolheram, em diversas situações, a tese da culpabilidade como juízo de valor.

Na doutrina, merece destaque a posição assumida, dentro dessa linha, por Alípio Silveira e Heleno Cláudio Fragoso.

Não obstante o choque de correntes, que se observa no campo doutrinário e jurisprudencial, foi a linha da relevância social da norma que inspirou nossas decisões na magistratura capixaba, especialmente a partir daquele momento da vida em que a experiência, a maturidade, acrescentou sua parcela de contribuição à formação simplesmente intelectual e jurídica que havíamos construído desde os tempos de faculdade.

Quanto mais o tempo passou, menos legalista eu me tornei. E se algum conselho possa dar aos jovens que se preparam para as lides do Direito, o conselho é este: coloquem o "humano" em primeiro lugar. O ofício do jurista, para ser socialmente útil, deve ser um ofício de humanismo.

25 – Condenação e direitos políticos

Defendemos nesta página o direito de voto para o preso. Recapitulamos nossa luta por esta causa, inclusive pedidos de "habeas corpus" impetrados ao Tribunal Regional Eleitoral do Estado do Espírito Santo, em nome da Pastoral Carcerária, para assegurar ao preso o direito de votar, mesmo antes da Constituição Federal de 1988 mas com base na Declaração Universal dos Direitos Humanos. O texto que se segue foi publicado no Jornal do Brasil, edição de 10 de abril de 1998.

Está fora de cogitação que o preso, não condenado definitivamente, conserva integralmente seus direitos políticos. A presunção de inocência é uma das franquias da Declaração Universal dos Direitos Humanos e é plenamente abrigada pelo Direito brasileiro. Se em favor de todo acusado existe sempre a presunção de inocência, retirar do preso não condenado o direito de voto é uma violência brutal.

Mesmo contra o preso condenado, a supressão dos direitos políticos, sob a chancela da permissão geral prevista na Constituição (suspensão ou interdição de direitos), contraria o espírito da Constituição, que tem no respeito à dignidade humana um dos seus fundamentos.

Já é pena mais que gravosa retirar de alguém a liberdade de ir e vir através do encarceramento. A supressão dos direitos políticos, excluindo da cidadania o indivíduo preso, marginaliza ainda mais o condenado, dificultando sua ressocialização. E a ressocialização deve ser buscada pelo Estado, com empenho, como decorre da Constituição. Parecem-me absolutamente oportunos os argumentos que arrolamos, em favor do direito de voto do preso, em 1987, na primeira edição de nosso livro "Crime, tratamento sem prisão" (Editora Vozes, p. 92):

"Se o preso é pessoa, se o preso tem direitos e precisa lutar por esses direitos – um dos caminhos de luta é o da representação política. Se os presos votassem, a situação das prisões não seria tão dramática quanto é. Não existe razão para que, além de tantas restrições, o preso seja excluído do grêmio político. O voto também seria uma afirmação de personalidade da maior serventia na preservação da auto-imagem do preso. Correlato ao direito de voto, é o direito de pertencer a partido político, se o preso assim o desejar."

Por duas vezes, batemos às portas do Tribunal Regional Eleitoral do Espírito Santo, em nome da Pastoral Carcerária, pleiteando o "direito de voto" para os presos, através de *habeas corpus*. Uma vez antes da Constituição de 1988, com base simplesmente na Declaração Universal dos Direitos Humanos. Outra vez, após a promulgação da Constituição. Infelizmente, nem antes, nem depois, a Justiça acudiu nosso apelo.

Percebemos que devido ao aumento da criminalidade, existe em amplos setores da opinião pública uma grande rejeição à pessoa do preso. A Campanha da Fraternidade do ano passado, liderada pela Igreja Católica e apoiada por outras Igrejas e por mulheres e homens de boa vontade, sem qualquer vinculação religiosa, fez do preso o tema da reflexão de Quaresma. Esse fato contribuiu muito para aumentar a compreensão para com o problema carcerário.

Lutar pela dignidade do preso não é desconhecer a tragédia das vítimas e das famílias das vítimas, sobretudo no caso de crimes em que há violência contra a pessoa. A vítima merece a mais irrestrita solidariedade. Entretanto, o preso não pode sair da prisão embrutecido, pior do que quando entrou. Se isso acontece, a prisão passa a constituir uma grave ameaça à segurança pública. Vemos com alegria que a tese de nosso livro, que o pleito de nossos pedidos de habeas-corpus e a voz que erguemos, em São José do Calçado, no interior do Espírito Santo, quando lá exercemos a função de Juiz de Direito (1966-1970), em favor do "voto do preso", ganha adesões cada vez mais amplas.

Está na hora de reconhecer ao preso o direito de votar.

26 – Carnaval e cidadania

O Carnaval como expressão de cidadania e como uma das formas de "ser pessoa" é o tema desta página.

O autor relembra seus tempos como Juiz de Direito, no interior do Estado do Espírito Santo, e faz uma ligação entre a busca de cidadania através dos instrumentos jurídicos e a busca de identidade e cidadania através da participação numa escola de samba.

Na presença entusiasmada da gente mais simples do povo brasileiro, em escolas de samba e blocos de Carnaval, vejo, dentre outros aspectos, a profunda busca de identidade, tão forte na alma humana. Quem pertence a uma escola de samba tem endereço, raiz, deixa de ser alguém sem lenço e sem documento. Vibro com as escolas sim, mas vibro ainda mais com o rosto feliz dos sambistas. Esses rostos me enternecem.

A sede humana de identidade e reconhecimento me relembra antigas andanças pelo interior, como juiz. Surpreendi centenas de casos de pessoas sem nome civil. Numa situação de completa marginalização econômica e social – inacreditável para quem não foi testemunha – brasileiros, irmãos nossos, nem nome civil possuíam.

O primeiro "movimento pela cidadania ampla", que tive a honra de inspirar, como juiz, ocorreu, a partir de 1967, em São José do Calçado, cidade localizada no sul do Estado do Espírito Santo.

A comunidade e o Juiz de Direito – juntos promovemos milhares de registros civis, casamentos civis, correção de prenomes grafados erroneamente, emissão de carteira de trabalho em favor de pessoas que trabalhavam sem carteira, matrícula compulsória de crianças na escola, resgate da história local através de pesquisa e documentação etc.

Houve uma intensa participação de estudantes no "movimento pela cidadania ampla". Foi um período de profícua vida cidadã dentro dos muros da pequenina, mas pujante comunidade interiorana, contrastando com uma época de obscurecimento da cidadania na vida nacional.

Encontrar a possibilidade de "ser pessoa" numa escola de samba, tornar-se juridicamente "pessoa" pelo registro civil – leva-me a uma outra reflexão, qual seja, a busca de "ser pessoa", de ser feliz, na multidão, nas praias apinhadas de gente, no balanço das ondas, no burburinho das vozes, no murmúrio do mar.

"Ser pessoa", neste caso, é soltar-se, relaxar, aliviar tensões. Todos os entraves que obstaculem a vivência dessa dimensão do "ser pessoa", como privatizar praias, merecem nosso repúdio.

Ninguém tem o direito de utilizar expedientes espertos para restringir o uso de praias a certas pessoas, ou para cobrar entrada em praias. A praia ainda é um dos poucos bens acessíveis a todos sem exceção. A freqüência à praia não apenas constitui agradável descanso, como é um benefício para a saúde, especialmente das crianças. A sociedade civil deve resistir à privatização das praias, através de pressão política e também por meio da "ação popular".

As praias devem ser bem cuidadas e limpas, com apetrechos próprios à coleta de lixo. Não se deve permitir o convívio pouco higiênico entre pessoas e animais. A prática de certos esportes que incomodam os banhistas deve ser restrita a horários determinados, ou a espaços claramente fixados. Todas as praias devem dispor de serviços de salvamento e de prestação de socorros urgentes. Devem contar com discreto policiamento, de

ESCRITOS DE UM JURISTA MARGINAL

índole sobretudo pedagógica, para que todos possam usufruir fraternalmente desta riqueza brasileira, que são nossas praias. A imensa costa, quase toda constituída de praias, faz do nosso país uma nação privilegiada.

Bela saga do povo brasileiro, nesta luta para "ser pessoa": o sambista, que se torna pessoa sambando; a comunidade que "faz pessoas" através de uma chamada geral para a cidadania num momento de escuridão ("Faz escuro, mas eu canto"); o povo que trabalha e que sua, que tenta na praia "ser pessoa", que divisa com esperança o horizonte infinito, esse horizonte que não tem dono – a todos pertence.

27 – Súmulas vinculantes

Discuto aqui a questão da súmula vinculante. Posiciono-me contra sua adoção no Direito brasileiro. Procuro provar que é ilusório o benefício de seu estabelecimento. A argumentação em desfavor das súmulas vinculantes funda-se em que sua implantação obstacula o avanço do Direito e dificulta o ajustamento da norma abstrata às situações concretas que o dinamismo da vida coloca. A matéria merece continuar sendo debatida, independentemente se seu acolhimento constitucional.

Para quem veja a matéria pelo aspecto mais geral, sem um aprofundamento, pode parecer de boa lógica a adoção, no Brasil, das súmulas vinculantes. Estas súmulas seriam ditadas pelos tribunais superiores. Obrigariam os juízes inferiores a seguirem a orientação estabelecida pelos mais altos escalões da Justiça.

Numa visão prévia e elementar, as súmulas vinculantes passam a idéia de eficiência. Com elas seriam evitados longos debates e controvérsias, em torno das questões que se colocam perante o Poder Judiciário.

A matéria não é tão simples quanto parece.

A adoção das súmulas vinculantes fecha o Judiciário aos avanços, impede o novo, poda a criatividade. Proíbe a prática de um Direito aberto e arejado. Impossibilita que a Justiça enfrente o desafio cotidiano de entregar a prestação jurisdicional adequada, em face da multiplicidade e variedade de situações que a vida oferece.

ESCRITOS DE UM JURISTA MARGINAL

Tais súmulas vinculantes desconhecem o fato de que é impossível frear as lutas populares. É da lógica dos "movimentos populares" buscar uma crescente ampliação de direitos, não contemplados pela lei e pela jurisprudência de um determinado momento histórico.[23]

Colocou com bastante exatidão Wellington Pacheco Barros: "O pluralismo jurisprudencial é conseqüência da complexidade do ato de julgar e dos fatores intrínsecos e extrínsecos que o envolvem. Ele existe porque o julgamento não é uma proposição matemática de simples aferição".[24]

O autor citado arremata seu posicionamento dizendo: "A relevância que o Judiciário tem na sociedade moderna está diretamente vinculada a sua possibilidade de adaptar o conflito à realidade".[25]

As súmulas não vinculantes, já adotadas de longa data, prestam bom serviço ao Direito. Representam o entendimento consolidado de tribunais e apontam um caminho para os juízes. Estes, com extrema freqüência, inspiram-se nas súmulas ou acolhem as súmulas, nos seus julgamentos.

As súmulas vinculantes têm papel completamente diverso deste que as súmulas não-vinculantes oferecem. As súmulas vinculantes retiram dos juízes os meios para cumprir sua função social de mediação entre a lei abstrata e o caso concreto. Para alcançar uma ilusória eficácia da ação jurisdicional, decreta-se a estagnação do Direito.

Tornar a Justiça mais ágil é um objetivo altamente desejável, mas a adoção das súmulas vinculantes não me parece um bom caminho para a execução desse desiderato.

---

[23] Defendemos amplamente esta tese em nosso livro *Movimentos Sociais e Direito*. Porto Alegre, Livraria do Advogado Editora, 2004, p. 22 e seguintes.

[24] Wellington Pacheco Barros. *Dimensões do Direito*. Porto Alegre, Livraria do Advogado Editora, 1995, p. 118 e 119.

[25] Idem, ibidem.

Num livro em que sustenta a tese da inconveniência das súmulas vinculantes, pondera Djanira Maria Radamés de Sá: "No chamado mundo pós-moderno em que vivemos, onde os dogmas positivistas cederam lugar ao pluralismo e à garantia das liberdades, o juiz deixou de ser o mero aplicador da lei, escravo de suas palavras".[26]

E prossegue a autora: "Ao aplicar a norma geral a cada caso concreto e particular, cumprindo seu sentido genérico e abstrato, compete-lhe não sua reprodução, mas sua transposição à vida real, sua adaptação ao momento presente, individualizando-a e humanizando-a, abandonando a interpretação meramente formal para fazê-lo de maneira real e socialmente útil".[27]

Observe-se que as súmulas serão elaboradas pelas cúpulas judiciárias, por tribunais compostos por ministros escolhidos por critérios políticos. Não se tem, no Brasil, o debate público dos nomes quando se cogita de escolher um Ministro do Supremo Tribunal Federal ou dos mais altos tribunais do país. Fazem-se escolhas paroquiais, restritas, por critérios de conveniência que pouco ou nada têm a ver com o interesse público.Já os juízes inferiores são escolhidos por concurso público.

Se nos debruçamos sobre jurisprudência e precedentes, verificamos que, com muita freqüência, a renovação do Direito é obra da magistratura de primeiro grau. Esta costuma ser mais atenta aos pleitos de ampliação de franquias. Através de uma escuta permanente, aproxima, mais que os tribunais, Justiça e Povo.

O próprio hiato que se cria em torno do conceito e do alcance de "jurisprudência" e "precedentes" revela uma concepção autoritária de saber.

O que vem dos tribunais integra a "jurisprudência". Decisões de juízes de primeiro grau são apenas "prece-

---

[26] Cf. Djanira Maria Radamés de Sá. *Súmulas vinculantes: análise da conveniência de sua adoção.* Belo Horizonte, Editora Del Rey, 2000, passim.

[27] Idem, ibidem.

ESCRITOS DE UM JURISTA MARGINAL

dentes". Valoriza-se a jurisprudência, colocam-se em segundo plano os precedentes.

Na verdade, não existe hierarquia no saber. A verdade científica não está sujeita à chancela da autoridade.

A vida é mais rica e inesperada do que as fórmulas vazias, as enunciações teóricas, os princípios rígidos.

Julgar é tarefa de ciência e de arte, de descida do juiz ao mundo das partes, de adaptação da lei à peculiaridade dos casos.

As súmulas vinculantes não vão melhorar a Justiça brasileira, nem mesmo vão torná-la mais ágil. Apenas vão decretar o "amém, amém", vão desfigurar o papel social e intervencionista do juiz, vão criar autômatos e repetidores, no campo do Direito. O mundo do Direito não é o mundo dos teoremas das ciências exatas. É o mundo que tece relações humanas, impróprias para serem apreendidas e compreendidas dentro do formalismo e da abstração.

28 – Cidadão consumidor

"Todas as dimensões da cidadania devem servir à dimensão existencial", afirma o texto.
Se a dimensão existencial coroa a cidadadania, a dimensão econômica lhe é essencial.
Dentro da dimensão econômica da cidadania, a defesa do consumidor, nas sociedades modernas, tem uma grande relevância.
A proteção do consumidor pode minorar as situações de injustiça social – coloca este escrito, nas reflexões que propõe.

Uma das dimensões da cidadania é a dimensão econômica. Ao lado das dimensões política, civil, social, educacional e existencial, a dimensão econômica vai dar contribuição decisiva para que se tenha o arcabouço de uma cidadania plena.

Nas sociedades modernas, avulta, dentro da dimensão econômica da cidadania, a necessidade da proteção do consumidor.

Nossa Constituição Federal inclui, no rol dos direitos e garantias fundamentais, a defesa do consumidor.

Dentro da visão que temos defendido, a dimensão existencial coroa o sentido de cidadania. Todas as dimensões da cidadania devem servir à dimensão existencial.

Nessa perspectiva, a defesa do consumidor ganha novos contornos e nova expressão. O consumidor é uma pessoa humana, com carências, necessidades, desejos, sonhos. O consumidor não é uma peça da engrenagem econômica. Não é um fantoche para ser manipulado,

ESCRITOS DE UM JURISTA MARGINAL

enganado, lesado. O consumidor, como pessoa humana, ao lado do trabalhador, produtor da riqueza, formam os agentes principais da Economia.

Na nossa sociedade injusta, o trabalhador, que produziu os bens, não pode consumir as coisas talhadas por suas mãos. É a situação desenhada, pelo belo poema "Operário em Construção", de Vinicius de Moraes:

> "O operário foi tomado
> De uma súbita emoção
> Ao constatar assombrado
> Que tudo naquela mesa
> – Garrafa, prato, facão –
> Era ele quem os fazia
> Ele, um humilde operário,
> Um operário em construção".[28]

A proteção do consumidor pode minorar essa situação de injustiça estrutural. Defender o consumidor (em geral, a parte fraca), dentro da engrenagem econômica, é uma condição para construir a cidadania.

Empresas orientadas por padrões de maior respeito ao público já procuram tratar o consumidor com dignidade. Outras empresas, entretanto, têm o consumidor como mero objeto de lucro.

Daí a necessidade de que cresça, no povo, a consciência de seus direitos. Todos somos cidadãos consumidores, e não apenas "consumidores".

O Código de Defesa do Consumidor estabelece, como direitos do consumidor, o respeito a sua dignidade, saúde e segurança, bem como a proteção de seus interesses econômicos e a melhoria de sua qualidade de vida. (Artigo 6º da Lei nº 8.078, de 11 de setembro de 1990).

---

[28] Cf. Vinicius de Moraes. "O Operário em Construção". In: *Comunicação em Língua Portuguesa*. (Primeiro Grau – 8ª série). Carlos Emílio Faraco & Francisco Marto de Moura. São Paulo, Editora Ática, 1979.

Procons estaduais e municipais, espalhados pelo Brasil, alguns muito bem colocados em "Casas do Cidadão", procuram defender as pessoas, na sua condição de consumidoras. Prestam orientação ao consumidor e esclarecem dúvidas. Fiscalizam as infrações ao Código de Defesa do Consumidor. Recebem denúncias de cidadãos contra fornecedores que estejam descumprindo as leis relacionadas com a proteção do consumidor.

Quando o cidadão comparece perante um desses órgãos, tudo deve ser feito para dar o devido andamento aos pedidos ou reclamações.

Se a instância administrativa (Procon) não resolver o problema, sempre cabe o apelo à Justiça, pois nenhuma lesão de direito pode ficar ao desabrigo de proteção judicial. (Artigo 5º, inciso XXXV, da Constituição Federal).

Também o Ministério Público pode ser acionado. Em alguns Estados da Federação foram criadas Promotorias de Defesa do Consumidor.

Nada disso funciona automaticamente. É preciso que a população vá atrás, pressione, reclame e finalmente denuncie, se as solicitações não estiverem tendo rápida solução, como prevê a lei.

Cidadania não é outorga, presente, dádiva, favor. É luta, conquista, união, o povo fazendo a História.

ESCRITOS DE UM JURISTA MARGINAL

29 – Juízes de antigamente

Quatro magistrados do Estado do Espírito Santo são destacados neste texto. O autor selecionou magistrados do Estado em que reside. Entretanto, esses magistrados podem simbolizar dignos padrões da magistratura, em nível nacional ou mesmo universal.

A inteireza moral, a aliança entre Justiça e Misericórdia, a percepção do Direito como conhecimento que exige uma visão multidisciplinar, a grandeza da função do Juiz de Menores – são alguns dos valores definidos, nesta página, como integrantes do catálogo de virtudes éticas e humanas do verdadeiro magistrado.

Quando este texto foi publicado (em 28 de setembro de 1996, no jornal "A Gazeta", de Vitória), dos quatro magistrados homenageados, apenas um, já aposentado, ainda estava vivo – Renato José Costa Pacheco, que veio a falecer em 18 de março de 2004.[29]

Como está muito bem esclarecido no texto, existem inúmeros magistrados que podem servir de exemplo. A escolha de apenas quatro nomes justifica-se porque esses quatro simbolizam quatro linhas de atuação que engrandecem a missão judiciária.

Não se trata de aprisionamento ao passado, mal que atinge, com freqüência, as pessoas que já não são tão jovens. Mas o passado guia o presente. Sempre guiou.

Ao escrever esta página, penso sobretudo nos meus alunos que hoje integram a magistratura. Precisam de

---

[29] Em razão do falecimento de Renato Pacheco, entendi oportuno republicar o texto. (*A Gazeta*, edição de 27 de março de 2004).

guias esses jovens, para lhes indicar o caminho, para lhes estimular as renúncias,

Mas os guias a que vou me referir não são exemplo apenas para juízes e juristas em geral. São estrelas para o povo. As virtudes que destacamos não integram somente o código de ética dos magistrados. Servem de inspiração para o cotidiano das pessoas. Seleciono quatro juízes como paradigmas. Escolha tão restrita não fecha o círculo dos magistrados dignos de servirem como exemplo. Mas o leitor verá porque escolho quatro. Não são apenas quatro juízes. São quatro modelos de exercício da magistratura, quatro formas de nobremente ser juiz, quatro maneiras de dignificar e tornar profícua a existência.

Começo por Carlos Teixeira de Campos. A inteireza moral é atributo inerente à função de juiz. Juiz que não seja íntegro não é juiz. Degrada a toga, da qual deveria ser desvestido. Merece a condenação fulminante do Profeta Isaías: "Ai daqueles juízes que lavram sentenças opressivas e denegam Justiça aos fracos".

Mas a inteireza moral alcança às vezes as culminâncias da sublimidade, do heroísmo, da entrega pessoal absoluta. Este é o caso de Carlos Teixeira de Campos.

Basta o registro de um episódio para lhe destacar a grandeza. Juiz de início de carreira, o Tribunal de Justiça cogitou de promovê-lo. Com firmeza e serenidade afirmou aos desembargadores que colegas mais antigos e de maior mérito faziam jus à deferência. Com esse fundamento ético, recusou a promoção. Para quem é estranho ao mundo do Direito, esse fato pode não impressionar muito. Mas a magistratura é uma carreira. Sobretudo quando se é jovem absorvemos, sem muita análise, esse princípio que integra a "cultura" da magistratura: "é preciso fazer carreira". Depois, quando a gente vai ficando mais velho e menos tolo, relativiza a "ideologia" inculcada e conclui, sabiamente, que lutar só vale a pena

ESCRITOS DE UM JURISTA MARGINAL

por uma cadeira no Céu, de preferência bem junto do Pai.

O segundo magistrado que desejo destacar foi Homero Mafra. Homero soube unir a Justiça e a Misericórdia. Deu à magistratura o toque de humanismo, aquele toque de humanismo, de compreensão, de empatia que transforma o ofício de juiz em arte, em mergulho na alma, em rompimento das fórmulas, na busca do eterno, esse eterno que ele cultuou, com santidade, mesmo sem expressar essa crença.

Graças ao voto e à posição inquebrantável de Homero Mafra livrei-me, sem punição, do processo que foi aberto contra mim, em plena ditadura, pelo fato de ter implantado, com outros companheiros, e ter presidido – magistrado da ativa – a Comissão "Justiça e Paz" da Arquidiocese de Vitória.

Nosso terceiro juiz é Renato José Costa Pacheco. Talvez tenha sido o primeiro magistrado brasileiro a perceber, em toda a sua amplitude, o caráter multidisciplinar do Direito. Sua paixão pela História, pela Sociologia, pela Educação e pela Literatura, em certo momento de sua carreira, foi considerada pelos superiores hierárquicos um senão, uma reserva, um deslustre. Juiz, segundo essa visão, tinha que conhecer Direito, e não se aventurar por essas áreas tão pouco "jurídicas". Dedicar-se ao ensino, assessorar com brilho, como o fez, o Conselho Estadual de Educação (sem remuneração, diga-se, de passagem) foram consideradas condutas que desmereciam o magistrado. Esqueceram seus julgadores que o juiz é melhor juiz quando tem do mundo uma visão panorâmica. Esqueceram que a tarefa do juiz é, em si mesma, uma tarefa pedagógica.

Nosso quarto e último juiz é Mário da Silva Nunes. Muito antes do "Estatuto da Criança e do Adolescente", Mário Nunes já advogava as teses que o Estatuto veio consagrar. Mário foi desembargador, mas, a meu ver, Mário foi sobretudo o grande Juiz de Menores. Sur-

100   *João Baptista Herkenhoff*

preendi uma cena que lhe define o zelo pela criança. Perto da antiga Rodoviária de Vitória, um incauto policial reprimia um menor com brutalidade. Mário Nunes deixou de lado a doçura que o caracterizava e assumiu a ira santa a que a Bíblia se refere. Tomou a defesa da criança, declinou sua condição de Juiz de Menores, repreendeu o policial e aproveitou para dar a ele uma bela lição a respeito dos motivos pelos quais a lei protege o menor.

Nestes tempos de hedonismo sem limites, de competição sem barreiras, de busca de resultados, a qualquer custo, é necessário contrapor o perene ao transitório, para neutralizar o pragmatismo e a ausência de ética vigentes na sociedade.

ESCRITOS DE UM JURISTA MARGINAL

30 – Os sete meninos do Rio

Este texto foi publicado no jornal A Gazeta, de Vitória, em 29 de julho de 1993, por ocasião da "chacina da Candelária". Permanece absolutamente atual. Fatos semelhantes ocorreram depois e continuam ocorrendo. É indispensável um posicionamento firme da opinião pública em repúdio ao extermínio de menores.

Não são meninos sem nome. Todos tinham sua identidade. Eram às vezes conhecidos pelo apelido (Caolho, Gambazinha), outras vezes pelo nome civil (Paulo da Silva).

Não são meninos sem face. Pimpolho, de 12 anos, era uma criança linda.

Não são meninos sem rumo. Careca, de 13 anos, dizia que queria ser desenhista, quando crescesse. Rogério da Silva discutia com a educadora Yvone Bezerra de Melo as possibilidades que uma criança negra e pobre podia ter na vida.

São meninos de carne e osso, com projetos de vida, com desilusões precoces (como Nojento) e esperanças teimosas (como Rogério).

São meninos como nossos filhos, com o mesmo embrião de vida, com a mesma chama de espírito e de luz, que nos faz a todos seres humanos.

São seres humanos, porém são mais, são meninos. São seres humanos meninos. Templos de Deus, no Cristianismo, imagens de Deus, no Judaísmo, vigários de Alá, no Islamismo, filhos do Sol, na tradição religiosa dos Povos Indígenas do Mundo.

Nos códigos das nações, até nos códigos que regulam as guerras, mesmo na selvageria dos combates, mesmo no enfrentamento dos exércitos, devem ser defendidos e preservados aqueles que são meninos. A propósito, que bela página nos legou Camus, na sua peça "Os justos". Refiro-me àquela passagem em que Kaliayev recusa-se a cumprir a missão de matar o grão-duque, num ato de justiça revolucionária. No imprevisto da situação, se lançasse a granada contra o nobre, sacrificaria duas crianças, filhos do duque que devia morrer.

Kaliayev, julgado por seus pares, declarou que se compadeceu ante o olhar das crianças. O episódio de Kaliayev lembra Guevara: ser firme, sem perder a doçura.

No fragor da guerra, para poupar os meninos de ataques diretos, não se pergunta se os meninos são judeus, muçulmanos, americanos ou bascos. São simplesmente meninos.

E, no entanto, ao lado de uma Igreja, em frente à Candelária, de tantas tradições e de tanta história, à sombra de uma Cruz, foram assassinados, sem que estejamos em guerra, os 7 meninos do Rio.

7, 700, 7 mil, tantos meninos assassinados no Rio, em Vitória, por toda a extensão do território brasileiro.

É um crime que brada aos Céus, que envergonha nosso país, que humilha todos nós.

Não advogo a pena de morte, nem para bandidos como esses que mataram os 7 meninos do Rio. Seria amontoar crime sobre crime.

Mas que Justiça seja feita. Que os culpados respondam perante a Justiça, e que a pena devida seja aplicada.

A prisão deve ser evitada, em inúmeras hipóteses em que se abusa dela. Num grande leque de situações, existem alternativas eficientes para a prisão. Mas, num caso como este, a prisão é imperativa. Será a resposta jurídica, ética, política e social a um crime brutalmente

ESCRITOS DE UM JURISTA MARGINAL

ignóbil. É a forma que a sociedade brasileira tem para dizer: "basta", é intolerável, não aceitamos!

Há uma indignação emocional que se segue ao crime. Essa indignação emocional será útil ou inútil.

Será inútil se for apenas uma indignação emocional, que desapareça da memória, quando a próxima chacina ganhar a evidência do noticiário.

Será útil se não for apenas uma indignação emocional, mas se conseguirmos que se transforme em indignação jurídica e política. A indignação jurídica e política é forjada na consciência do Direito, na repulsa profunda a atentados desse tipo.

Se a indignação emocional transformar-se em indignação ética e política, nós vamos acompanhar este caso, nós vamos acompanhar todos os outros casos, nós vamos cobrar providências, nós vamos pressionar as autoridades de todos os Poderes, nós vamos exigir Justiça, nós vamos armar um círculo de resistência contra o prosseguimento da política de exterminar os meninos de rua, implantada no Brasil há muito tempo.

31 – Trabalho e retrocessos

Este texto foi publicado no Jornal do Brasil, em 30 de abril de 2002, e permanece absolutamente atual.
Infelizmente, as apreensões que nos assaltavam, na véspera daquele Dia do Trabalho, não se apagaram no horizonte nacional.
Permanecem as ameaças de retrocesso no Direito do Trabalho. E as ameaças de retrocesso permanecem porque as inspirações de retrocesso têm sede fora do país. Rechaçar a insolente interferência estrangeira na vida brasileira é dever de todos nós.

Comemora-se o Dia do Trabalho em meio a diversos retrocessos. Todos os recuos são apresentados como se recuos não fossem. Seria politicamente inviável impor abertamente degradação legislativa em matéria de garantias dos trabalhadores, no Brasil contemporâneo. Há sem dúvida a possibilidade de denúncia, pela imprensa, das artimanhas que se montem. Isso desencoraja empreitadas declaradamente restritivas no campo do Direito do Trabalho.

Mas subtração velada, ardilosa, maliciosa de direitos trabalhistas integra o projeto neoliberal, especialmente por força da indevida ingerência externa na vida do país. Há um sinal que caracteriza a estratégia em curso visando a enfraquecer o arcabouço jurídico que protege, ainda que insuficientemente, os direitos laborais.

Esse selo de adulteração da verdade consiste em afirmar que não se cogita de reduzir direitos porque as

ESCRITOS DE UM JURISTA MARGINAL

eventuais mudanças que se operem dependerão sempre da adesão dos trabalhadores, através de seus sindicatos. O argumento seria procedente num país de sindicalismo forte, em condições econômicas normais. Mas no Brasil, onde a organização da quase totalidade das categorias laborais é frágil e, ainda mais, neste momento da vida nacional, quando o desemprego atinge níveis aviltantes e as agruras econômicas fustigam os assalariados, o consentimento dos trabalhadores, concordando com o prejuízo que sofram nos seus direitos, é vicioso e falso. Não estamos apenas diante de uma questão legal. Nem se trata de matéria restrita à esfera sindical. Trata-se de matéria de natureza ética, que reclama o posicionamento de todas aquelas pessoas e entidades que se sintam comprometidas com a salvaguarda da dignidade humana.

Quando se alterou a lei para possibilitar a contratação de trabalhadores em regime de "prazo determinado", lançamos o nosso protesto. Supúnhamos, entretanto, que a audácia de agredir os direitos trabalhistas não iria prosseguir. Ledo engano. Há um pacote de medidas em andamento ou projetadas, para aniquilar avanços conquistados pelos trabalhadores, a duras penas, através da História. Em nome de contingências econômicas reais, causadas, entretanto, pela submissão do Brasil aos interesses estrangeiros e especialmente aos interesses norte-americanos, violenta-se toda a tradição do Direito do Trabalho.

O Direito do Trabalho está vocacionado para ampliar as garantias dos trabalhadores. O que estamos vendo no Brasil atual é exatamente o oposto. Diante de nossos olhos armam-se maquinações para, por via do Direito do Trabalho, subtrair garantias dos trabalhadores.

Apesar de tudo, celebremos o Dia do Trabalho. Os tempos atuais são difíceis. Mas com fé e com luta, poderemos divisar um futuro melhor. Outorga de direitos nunca houve, nunca haverá. Com união, confiança, responsabilidade, criatividade, as forças laborais avançarão. Cumpram os segmentos de classe média seu papel histórico. A aliança que se impõe é a aliança com os segmentos mais pobres da população, a aliança com os trabalhadores, em busca de um projeto de Brasil que dê pão, teto, escola, saúde, esperança, sonhos de porvir a todos os brasileiros.

32 – Os poderes sob julgamento

Esta é uma reflexão sobre o juiz e seu papel.
O texto foi publicado em "A Gazeta", de Vitória, no dia
1º de agosto de 2003, quando a primeira greve nacional
de juízes acabava por esvaziar-se, sem mesmo ter come-
çado.
Mas o autor viu nessa greve abortada um grande fruto –
colocar a Justiça em julgamento, tendo em vista que o
tema obteve espaço nos jornais, no rádio, na televisão, no
dabate público enfim.

Finalmente, a Justiça foi colocada na pauta dos grandes problemas nacionais.

A anunciada greve dos juízes, que acabou não ocorrendo, teve este efeito oblíquo, altamente positivo.

Não apenas a Justiça está sob julgamento, neste momento de Brasil. Na verdade, todas as instituições e todos os Poderes estão sob o crivo do julgamento público.

Em nossa avaliação, este balanço geral é útil ao avanço democrático. E deve ser ampliado para abarcar todas as instâncias da autoridade e do poder.

Poder é serviço, não é privilégio. Titulares de função pública nunca devem estar acima da lei ou acima da inspeção popular.

Quanto à Justiça, há décadas, ainda como magistrado da ativa, reclamávamos uma ampla discussão sobre ela. Nunca nos pareceu que o tema estivesse restrito aos atores do aparato forense. Sempre vimos a Justiça como uma "questão pública", a reclamar um debate político.

Para começar a discussão, gostaríamos de propor uma reflexão sobre a figura do Juiz. Essa precedência tem em seu apoio a posição do jurista uruguaio Eduardo Couture, que proclamou: "Da dignidade do Juiz depende a dignidade do Direito".

Que juiz? É a primeira questão.

A nosso ver, um juiz que esteja a serviço, um juiz que não ocupe apenas um cargo, mas desempenhe uma missão. Um juiz sem prerrogativas e vantagens pessoais.

Um juiz que seja um misto de juiz e poeta, não com o sentido pejorativo que se desse a essa fusão. Mas com o verdadeiro sentido que há em ver como atributos da Justiça a construção da Beleza, obra do artista, e a construção do Bem, obra do homem que procura trilhar o caminho da virtude.

Vejo o juiz como um poeta, alguém que "morre de dores que não são suas", como sentiu Newton Braga, poeta universal nascido em Cachoeiro de Itapemirim.

Esse juiz "morre de dores que não são suas" porque vive o drama dos processos. Desce às pessoas que julga. Capta as aspirações da comunidade. Incorpora na sua alma a fome de Justiça do povo a que serve.

Diverso e oposto desse paradigma de juiz é o juiz distante, alheio, burocrata no sentido pejorativo, cuja pena se torna para ele um peso, não por sentir as dores que não suas, mas pelo enfado de julgar, pela carência do idealismo e da paixão que tornariam seu ofício uma aventura digna da trajetória de uma vida.

O juiz de primeiro grau, o juiz das comarcas do interior, o juiz das varas das capitais e cidades maiores, o juiz do trabalho – o juiz, enfim, é o alicerce da Justiça.

De seu recrutamento honesto, de sua formação contínua depende, em grande parte, o destino da Justiça. Retornamos a Couture, completando a citação de seu pensamento: "O Direito valerá, em um país e num momento histórico determinado, o que valham os juízes como pessoas".

33 – Racismo e direitos humanos

No dia em que completei 40 anos de formatura (4 de dezembro de 1998), fiz uma palestra no Centro de Defesa dos Direitos Humanos da Serra, município que integra a Grande Vitória. A palestra foi à noite. Então, naquele mesmo instante em que, 40 anos atrás, recebia meu diploma de bacharel das mãos do Dr. Korciusko Barbosa Leão, naquele mesmo instante refletia sobre Direitos Humanos com um grupo popular pisoteado tantas vezes nos seus direitos.

Foi o momento adequado para um exame de consciência: passados 40 anos, que fiz com o meu diploma?

De muitos temas poderíamos tratar no encontro daquela noite. Seria, por exemplo, oportuno examinar a realidade brasileira à luz da Declaração Universal dos Direitos Humanos. Estávamos próximos do Dia Universal dos Direitos Humanos. Seria proveitoso sublinhar os inúmeros desrespeitos aos Direitos Humanos em nosso país: meninos de rua, desemprego, desacatos à cidadania, discriminações de toda ordem etc. Mas poderíamos também celebrar avanços como, por exemplo, o crescimento, na opinião pública, da consciência dos Direitos Humanos.

Dentro da profusão de temas que se ofereciam, optei por refletir sobre Racismo e Direitos Humanos, considerando também a data dedicada à exaltação de Zumbi dos Palmares.

Este capítulo resume as idéias centrais que partilhei com os companheiros, naquela oportunidade. Não me reporto neste texto ao que foi dito de improviso – o cotejo entre o que sonhei na juventude e o que construí na idade adulta.

20 de novembro, Dia Nacional da Consciência Negra, data que assinala a morte do herói nacional Zumbi dos Palmares.

10 de dezembro, Dia Internacional dos Direitos Humanos.

O período que medeia entre as duas datas é tempo muito propício para refletir sobre Racismo e Direitos Humanos.

Certamente nem cabe indagar sobre a compatibilidade entre as práticas racistas e os ideais de Direitos Humanos. A incompatibilidade é flagrante. Mas talvez caiba ponderar sobre a medida dessa incompatibilidade. Em conseqüência, cabe analisar se o combate ao racismo deve ter um tratamento privilegiado na luta pelos Direitos Humanos.

Parece-me que a resposta acertada é afirmativa.

Todos os Direitos Humanos são importantes. Todos os Direitos Humanos buscam o acolhimento dos povos, das crenças, das pessoas. Mas com relação a alguns Direitos Humanos esbarramos com a relatividade das culturas espalhadas pelo mundo, dificultando o estabelecimento de parâmetros universais.

Daí a necessidade de destacar certos Direitos Humanos como direitos a respeito dos quais não pode haver qualquer transigência. Em outras palavras: nenhuma diferença de cultura e de história permite que certos Direitos Humanos sejam transgredidos. São de tal forma essenciais que se impõem em qualquer circunstância, em qualquer parte do Globo terrestre. Nenhuma justificativa admite a transgressão desses direitos ou sua vigência parcial.

Dentre outros Direitos Humanos assim fundamentais destaco dois: a rejeição da tortura e a rejeição do racismo.

A tortura nunca pode ser aceita. Razões de Estado, razões de segurança pública, necessidade de apurar a autoria de crimes gravíssimos, nada pode autorizar a

ESCRITOS DE UM JURISTA MARGINAL

tortura. A tortura nega os sentimentos mais profundos de humanidade. A tortura anula o torturado e degrada o torturador.

Ao lado da tortura, vejo o racismo como prática radicalmente inaceitável. Não pode haver qualquer tolerância para com o racismo. Não pode ser admitido o racismo aberto, nem o racismo camuflado. O racismo atenta, na dimensão do absoluto, contra a dignidade da pessoa humana. Daí que o racismo não fere apenas a pessoa que é diretamente vítima do racismo. Como o racismo nega a dignidade humana, a prática racista violenta todas as pessoas, indistintamente.

Muito oportunamente, o Município de Vitória, por sua Câmara Municipal, votou e aprovou e, por seu Prefeito, sancionou lei que criou o "Conselho Municipal do Negro", para implementar todas as políticas tendentes a vencer o racismo e exaltar a contribuição do negro na vida, na história e na cultura brasileira.

O município é o reduto supremo da Cidadania. É no município que se plasmam os valores que devem fundamentar a consciência nacional. Por essa razão, o exemplo de Vitória, criando o "Conselho Municipal do Negro", merece ser seguido pelas outras municipalidades do Estado e do país.

Proclamar a igualdade de todos, reconhecer na diversidade de raças um sinal de unidade do ser humano constitui missão civilizatória de primeira grandeza.

É de avanço em avanço que vamos construir este país. Não de cima para baixo mas de baixo para cima. A partir do povo, dos trabalhadores, das pessoas simples, das comunidades, dos municípios, da fé que transpõe montanhas.

34 – Tribunais de Contas: úteis ou inúteis?

Este texto, que discute os tribunais de contas, foi publicado no Jornal do Brasil, em 11 de dezembro de 2003. A propósito dele, cartas de leitores foram acolhidas no Fórum de Leitores do JB. Essas cartas, estampadas no rodapé, acrescentam observações e análises ao texto que as motivou.[30]

---

[30] A propósito deste artigo, a seção "Fórum dos Leitores", do Jornal do Brasil, publicou as duas cartas, que se seguem:
Tribunais de Contas
Apropriadíssimo o artigo do juiz João Baptista Herkenhoff acerca dos Tribunais de Contas (11/12), o qual deveria servir para para que fossem repensadas as atuações desses órgãos, em face da demanda cada vez maior da corrupção no seio da administração pública. Para o povo paratiense, o Tribunal de Contas do Estado é um órgão inexistente, já que diversas denúncias sobre corrupção foram feitas e documentadas, há mais de um ano, sem respostas.
Marco Antonio de Paula Silva, Paraty (RJ), por fax. (30/DEZ/2003)
Tribunais de contas
Concordo com o magnífico artigo do juiz João Baptista Herkenhoff, *Tribunais de contas: úteis ou inúteis?* (11/12). Após analisar as várias facetas da corrupção que grassam neste país, tanto nos períodos ditatoriais (1930-1945 e 1964-1985) quando esses atos jamais foram julgados e jamais o serão, como nos restantes períodos democráticos, o professor afirma que os nossos TCs estão muito longe de desempenhar um papel atuante, pois, na maioria das vezes, prendem-se a meras questiúnculas, deixando escapar os peixes grandes. Recentemente, o empresário Abílio Diniz afirmou que o Estado do Rio é grande sonegador de impostos. Não li na imprensa qualquer resposta de nossas *autoridades*. Como diz o povo em sua secular sabedoria: "Quem cala, consente". Quanto aos nossos TCs, estadual e municipal, também permaneceram mudos. O articulista sugere que os TCs sejam alvos de plena discussão, assim como está sendo discutido e sabatinado o Poder Judiciário, e seus integrantes sejam escolhidos depois de provarem um passado moral ilibado e grande competência intelectual. O que diria, o nobre juiz, dos administradores que nomeiam para os TCs pessoas destituídas dessas qualidades, muitas delas alvos de processos judiciais por improbidade moral e formação de quadrilha, que, uma vez nomeadas, tomam posse até de madrugada para

Um jornal nunca publica todas as cartas de leitores que recebe. Mas as duas que foram recepcionadas parecem indicar que, na opinião pública, há o desejo de que os tribunais de contas sejam submetidos a um debate nacional: para serem mantidos, com as mudanças que são requeridas; ou para serem mesmo extintos, por inúteis do jeito que estão.

A corrupção é uma ameaça à democracia. Nas ditaduras a corrupção grassa, e até com mais desenvoltura, à falta do permanente foco de fiscalização por parte da imprensa e da sociedade civil em geral. Entretanto, nos regimes ditatoriais, os atos de corrupção ficam na penumbra. Daí que, com freqüência, parte da opinião pública atribua ao regime democrático a possibilidade de proporcionar maior desenvoltura de ação aos corruptos.

A corrupção corrói a crença do povo nas instituições democráticas, embora o remédio para corrigir os abusos não seja a ditadura.

Dinheiro público é sempre sagrado. Dinheiro que se desvia do uso honesto é dinheiro que se subtrai à educação, à saúde, aos projetos sociais, ao desenvolvimento do país.

Os crimes contra a administração, como o peculato, a concussão, a prevaricação, a corrupção em qualquer de suas modalidades, constituem delitos muito mais graves do que os crimes contra o patrimônio, como o furto, o roubo, a apropriação indébita.

Os crimes contra o patrimônio, como os mencionados, alcançam apenas pessoas individualmente consideradas. Os crimes contra a administração atingem e prejudicam o conjunto da população.

fugirem dos agentes da lei. Façamos votos que esses TCs sejam extintos na reforma do Judiciário e substituídos por outras estruturas bem mais enxutas, moralizadas e competentes, proporcionando economia anual de centenas de milhões de reais aos cofres públicos.
Augusto Mauro C. França/Rio de Janeiro, por e-mail (21/DEZ/2003)

O povo, com muita sabedoria, deixa de lado a definição legal do roubo (subtrair coisa alheia móvel mediante grave ameaça ou violência) para dizer de um político desonesto que ele rouba, que ele é ladrão.

São exigências da cidadania: a) que sejam responsabilizados criminalmente os autores de crimes contra o Erário; b) que os que se locupletam com o patrimônio coletivo sejam obrigados a devolver o que foi ilegalmente subtraído.

Essas são providências corretivas, posteriores à eventual prática de atos de corrupção.

Acredito, entretanto, que seja essencial prevenir a corrupção, impossibilitar a conduta corrupta. Nesse aspecto, suponho que seja fundamental o papel dos tribunais de contas.

Os tribunais de contas, na realidade brasileira, estão muito longe de desempenhar um papel atuante.

Esses tribunais prendem-se muitas vezes a questiúnculas e deixam escapar os peixes grandes.

Da mesma forma que, neste momento, com muita oportunidade está sendo discutido e sabatinado o Poder Judiciário, acho que também deveriam ser amplamente discutidos os tribunais de contas.

Os tribunais de contas devem ser realmente "cortes de contas". Seus membros devem ser escolhidos com amplo debate público. Que se exija dos postulantes um passado moral ilibado e uma grande competência intelectual. Tripudiam sobre o povo, zombam da decência administradores irresponsáveis que nomeiam para os tribunais de contas pessoas destituídas dessas qualidades.

Dos tribunais de contas deve ser cobrada presença efetiva na vida do país. Devidamente remodelados, sejam responsabilizados por omissão quando atos de corrupção forem praticados.

À meu ver, uma nova visão do que seja um tribunal de contas pode mudar o panorama de corrupção presente na vida brasileira, nas diversas esferas administrativas.

ESCRITOS DE UM JURISTA MARGINAL

35 – Lula e o Poder Judiciário

Este texto foi publicado no Jornal do Brasil, na edição de 30 de abril de 2003.
Apoios entusiásticos de leitores foram publicados na seção de cartas do jornal.[31]

---

[31] As cartas de leitores publicadas pelo Jornal do Brasil são as que se seguem:
Judiciário e fiscais
"O JB de 30/4 se superou com a publicação de duas opiniões. Lula e o Poder Judiciário, em que João Baptista Herkenhoff, magistrado aposentado, defende o que foi colocado pelo presidente da República no que tange ao "controle externo do Judiciário" e enfatiza, em outras palavras, que a fiscalização desse poder não leva necessariamente a uma crítica desairosa. Por que fugir dela, então? A outra opinião que destaco é a excelente exposição feita pelo jornalista Cid Benjamin em Muito além do 'propinoduto'. Superando sua relutância em fazê-lo, eis que trouxe ao conhecimento da sociedade dados até agora desconhecidos pela maioria da população cumpridora de seus compromissos com o Fisco. Não sei, como sugere o autor, se a divulgação de tais fatos levará o governo do estado a tomar providência pois, necessariamente, aqueles que formam sua alta cúpula conhecem essas maracutaias que, provavelmente, vogam há anos. Só não interessava que fossem divulgadas. Importante também foi a opinião do leitor Carlos A. L. Andrade (Fórum dos Leitores, 28/4), que concorda com as palavras do presidente Lula quando este expõe a nudez do rei ao mesmo tempo em que define a caixa-preta – que existe, sim! Parabéns aos três colaboradores e ao JB, que nos proporcionou tais jóias." Edda de Castro, Rio de Janeiro, por e-mail. (04/MAI/2003)
Judiciário
"Parabéns calorosos ao magistrado João Baptista Herkenhoff pelo artigo Lula e o Poder Judiciário (30/4). Quem precisou da Justiça no Brasil sabe que não houve exagero nem faltou com a verdade. Criticar não significa dizer que todos os juízes brasileiros são maus juízes, o que seria absurdo, mas que o resultado do Judiciário brasileiro é sofrível, tendendo a péssimo, é incontestável. Se tudo correr bem, de um mal não se escapa: a morosidade. E como já dizia Fernando Setembrino: "Justiça tardia acaba se tornando injustiça"." Sonia de Aguiar Montenegro, Rio de Janeiro, por e-mail. (02/MAI/2003)

Defendo aqui a tese de que a Justiça deve estar submetida a debate para ser fiscalizada, elogiada, criticada.
Por ocasião da inserção do texto em jornal, a manifestação do autor teve direta ligação com críticas feitas ao Poder Judiciário, pelo Presidente da República.

Não me parecem inoportunas e impróprias as críticas feitas pelo presidente Lula ao Poder Judiciário. Nem vejo nada de estranho em sua manifestação favorável ao controle externo da magistratura.

Lula foi eleito diretamente pelo povo. Carrega as esperanças do eleitorado que lhe conferiu o mandato. O povo tem reservas gravíssimas ao Poder Judiciário. Lula não fez senão expressar os sentimentos da população.

Observe-se que a crítica foi feita ao Poder Judiciário como instituição, como engrenagem. Não se referiu Lula a pessoas de magistrados, nem em conjunto nem em caráter individual.

Não é novo o desapontamento do povo relativamente à Justiça. Nova, ainda em fase de aprendizagem, é a prática diuturna da democracia. Antes, o desagrado não podia ser manifestado. Agora, o povo sabe que tem direito à palavra e expressa suas insatisfações, como estamos vendo cotidianamente, através de cartas aos jornais, protestos coletivos e outros meios.

No período ditatorial, publicamos um livro (*A Função Judiciária no Interior*, 1977), de modesta tiragem, no qual constatamos que, segundo a percepção do povo: a) ricos e pobres são tratados diferentemente pela Justiça; b) a Justiça não resolve os conflitos que lhe são apresentados; c) a Justiça não está ao alcance do povo; d) a Justiça é demorada; e) a Justiça é cara.

O posicionamento de Lula foi rechaçado com veemência pela cúpula do Poder Judiciário num momento da História do Brasil em que, felizmente, as divergências podem ser colocadas. Não foi assim sempre.

Em congresso nacional de magistrados, em Goiânia, durante a ditadura militar, apresentamos proposta pedindo a volta do "estado de Direito" e a devolução das garantias da magistratura. A proposta foi recusada, de maneira fragorosa, pelo plenário. O episódio é registrado em livro pelo magistrado catarinense Lédio Rosa de Andrade.

Quanto ao "controle externo do Poder Judiciário", esse mecanismo destinado a corrigir eventuais falhas ou abusos no funcionamento da Justiça é defendido por muitas vozes do mundo jurídico. De minha parte, ainda como magistrado da ativa, propugnei pela medida. Nenhum poder ou autoridade pode ser incontestável e incontrolável. O que caracteriza a democracia é o controle de um poder pelo outro e o controle do conjunto dos poderes pela sociedade civil. Impõe-se contudo que esse "controle externo" seja muito bem estruturado, após amplo debate público.

Durante muito tempo a Justiça esteve "acima de qualquer suspeita". Não que estivesse imune a desvios mas porque o sentimento de cidadania não tinha chegado ao ponto de entender que a Justiça pode e deve ser fiscalizada, elogiada, criticada.

As declarações de Lula constituem, a meu ver, um serviço à cidadania, e não um desserviço, como afirmaram presidentes de tribunais.

36 – Voto consciente

Esta página discorre sobre o voto e sua importância. Distingue os dois tipos de eleição – a majoritária e a proporcional. Posiciona-se a favor do voto obrigatório. Oferece informações e sugestões em torno da questão do voto, que é fundamental na vida democrática.

O dever de votar não é apenas um dever legal. É um dever ético. A meu ver, o equívoco da tese do "voto facultativo" reside justamente neste ponto. Se a obrigação do voto resultasse apenas de uma imposição legal seria razoável estabelecer, tanto o voto obrigatório, quanto o facultativo. Mas como o voto é um "dever ético", a lei não pode, legitimamente, dispensar o cidadão do seu exercício.

O dever ético de votar não se cumpre com o ato mecânico de depositar o sufrágio na urna ou acionar um botão no caso da votação eletrônica. Quando vota, o cidadão coloca-se diante de sua própria consciência.

Devido ao caráter ético do voto, todo esforço deve ser empreendido pelo cidadão para votar bem. Em primeiro lugar, deve procurar saber quais são os candidatos, em todos os níveis.

Um bom serviço prestariam à cidadania os jornais publicando a lista completa dos candidatos e um breve curriculum de cada um.

Nem sempre os melhores candidatos são aqueles que têm uma grande propaganda em torno de seu nome. Pelo contrário, campanhas milionárias devem levar o eleitor a uma posição de desconfiança. Quem financia as

ESCRITOS DE UM JURISTA MARGINAL

campanhas milionárias e qual o preço delas em termos de traição futura aos interesses do povo?

No caso das eleições para vereador, deputado estadual e deputado federal, o eleitor deve estar advertido para uma circunstância especial. Para esses cargos o voto obedece ao chamado "sistema proporcional", diversamente do que ocorre nos outros cargos, quando o voto é pelo "sistema majoritário".

Qual a diferença entre os dois sistemas?

No sistema majoritário, o eleitor vota exclusivamente no nome que escolhe. Assim acontece no caso da eleição para Presidente e vice, Governador e vice, Prefeito e vice, dois senadores e respectivos suplentes.

No sistema proporcional, o eleitor vota no candidato e no partido a que o candidato pertence. Quando a eleição é apurada, contam-se os votos de cada partido e atribuem-se a esses partidos tantas cadeiras quantas foram conquistadas. Então, se o partido conseguiu, por exemplo, duas cadeiras para deputado federal e oito cadeiras para deputado estadual, consideram-se eleitos os dois mais votados (para a Câmara Federal) e os oito mais votados (para a Assembléia Legislativa).

Nosso sistema eleitoral consagrou a democracia baseada nos partidos, mas estamos ainda bem atrasados nesta matéria. Alguns partidos têm uma "face definida" porém muitos são incolores. Não deveria ser assim. Todo partido deveria ter um "programa" e seguir esse programa. Como conseqüência, o político eleito por um partido deveria perder o mandato se mudar de partido.

O fato de que o partido esteja vinculado a um "programa" aumenta a segurança do voto. Isto porque, ao sufragar um candidato o eleitor não escolhe apenas uma pessoa, mas opta por um programa partidário, ou seja, opta pelo caminho que aquele partido pretende dar à sociedade.

Penso que o eleitor não deve votar em branco ou votar nulo. Muitos cidadãos responsáveis têm a tentação de agir assim, em face da descrença com a política, como a vemos praticada. Contudo, é sempre possível encontrar bons postulantes aos cargos em disputa. Na pior hipótese, caberá ao eleitor escolher, dentre os candidatos, o que considere "menos pior".

Apesar de todas as dificuldades, creio que a cidadania e a democracia têm avançado no Brasil. Jamais o melhor percurso será o que oferecem as ditaduras. No sistema democrático, há o debate, a participação do povo, o direito de escolha, a renovação de nomes, a alternância no poder, a possibilidade de consagrar os que servem à causa pública e de expulsar das assembléias e palácios os que não se mostrem dignos dos mandatos recebidos.

Além disso, nas democracias, por causa da liberdade de imprensa, da franquia dos espaços públicos à fiscalização popular, há sempre a oportunidade de corrigir as falhas, retificar os rumos, aprimorar as instituições.

37 – Rebeliões e falência dos presídios

Este texto foi publicado em 4 de março de 2001, numa edição de domingo do Jornal do Brasil.
Creio que é atual a tese aqui defendida, como atual é a experiência judicial relatada.
Esta página é uma profissão de fé na Esperança.

Rebeliões nos presídios com todas as suas conseqüências de morte, insegurança social e dor têm sido matéria de destaque da imprensa, nestes últimos dias.

Estão na ordem do dia a reforma do Código Penal e a reforma do Sistema Penitenciário. Questões como "penas alternativas", "Direito Penal mínimo", agravamento de algumas penas e suspensão de outras já não constituem matéria de interesse exclusivo de juristas. Fazem parte do debate cotidiano. O Governo Federal propôs um Plano Nacional de Segurança Pública que recebeu apoios e censuras: apoios dos que pensam que uma resposta oficial estava sendo dada, em face das perplexidades do momento; censuras dos que avaliam que o plano é superficial, fundado em equívocos e incapaz de enfrentar com seriedade toda a problemática que envolve a segurança da sociedade.

Com a experiência de quase trinta anos de magistratura, a maioria desse tempo exercendo a judicatura criminal e, além disso, com a condição de pesquisador, nessa área, creio que não posso omitir minha palavra, neste debate tão importante.

Dentro do quadro que se coloca, suponho que dois livros nossos possam trazer uma contribuição: *"Crime, tratamento sem prisão"* (publicado em Porto Alegre) e *"Uma porta para o homem no Direito Criminal* (publicado no Rio), ambos circulando, nacionalmente, em sucessivas edições.

"Crime, tratamento sem prisão" é o relato de uma experiência de utilização de "penas alternativas", numa época em que nem havia uma designação para a política judiciária de substituir a prisão por outras medidas menos coercitivas. Debrucei-me sobre casos judiciais (cerca de 300) ocorridos no decênio 1970-1980. Em todos esses casos, acusados ou réus receberam uma "oportunidade" da Justiça. A pesquisa só foi possível porque o pesquisador e o juiz eram a mesma pessoa. Como juiz, mantinha uma agenda diária na qual anotava tudo. A partir dessa agenda, já aposentado como juiz, fui verificar o que havia acontecido com as pessoas beneficiadas por medidas liberalizantes.

No Brasil é muito comum o "achismo": eu acho que isso vai dar certo. *Crime, tratamento sem prisão* é o oposto do "achismo". Como juiz, "apostei" numa experiência inovadora, correndo o risco de fracassar. Como pesquisador, com a colaboração de 16 alunos meus (que hoje são juízes, desembargadores, procuradores, promotores, advogados), verifiquei em que deu a inovação. A pesquisa seguiu rigorosa metodologia científica e comprovou que a experiência deu certo. O índice de reincidência foi baixíssimo.

Uma porta para o homem no Direito Criminal revela uma outra faceta do mesmo problema. Envolvido com casos criminais, procurei, no ofício de juiz, dar um desfecho humano aos processos. Não se trata de "pieguismo", nem de ser "bonzinho". Muito menos se trata de fazer "favores" com a lei. Trata-se de compreender que o encontro do réu com o juiz é um momento único. Qualquer juiz, cônscio de sua missão, pode mudar a rota de uma vida que se defronta com a Justiça Criminal, principalmente quando se trata de um réu primário, mas, em muitos casos, mesmo diante de um reincidente. Os casos abarcados pelo livro ocorreram dos anos 60 aos anos 80.

Contra a validade, quer de um livro, quer de outro, uma objeção séria pode ser levantada. Essa objeção consiste em afirmar que a realidade social sofreu uma transformação profunda. Uma política criminal que foi válida nos decênios 60, 70 e 80 do século que passou já não é capaz de enfrentar os dramáticos desafios da Segurança e da Justiça neste início de século, início de milênio. Não me parece que a objeção possa ser tida como procedente, sem mais exames. Seria necessária uma nova pesquisa, realizada com o mesmo rigor metodológico para invalidar as conclusões da anterior. Antes que essa pesquisa seja feita arrisco-me a lançar como hipótese que a realidade social mudou, mas os problemas de fundo permanecem os mesmos. A falência da prisão é comprovada pelos fatos do cotidiano. Diante do fracasso de uma política fundamentalmente repressiva, o caminho parece ser o de acreditar na pessoa humana, o de abrir esperanças, o de recusar sejam tratados como fera, quer os acusados (presos que não foram ainda julgados), quer os réus (presos condenados).

38 – De médico e louco...

Este texto foi publicado no jornal "A Gazeta", de Vitória, no espaço reservado a artigos de colaboradores (edição de 8 de janeiro de 1994).
No mesmo espaço, o Dr. Paulo Bonates havia publicado a matéria que originou esta.
O tema é o Direito e o doente mental, mas as reflexões espraiam-se por domínios que se situam além do Direito, como o leitor logo verá.

Em artigo publicado neste espaço, o Dr. Paulo Bonates honrou-me com referências elogiosas, ao tempo em que ele era diretor do Manicômio Judiciário, enquanto eu exercia as funções de juiz. ("A Gazeta", edição de 30 de dezembro de 1993).

Agradeço as referências, mas não são propriamente elas o objeto deste artigo. Creio que é oportuno voltar às considerações de Paulo Bonates para sublinhar um pequeno trecho de seu escrito. Este trecho permite, a meu ver, considerações paralelas de substância científica, ética e política absolutamente atual.

Registra o médico Paulo Bonates um testemunho. Diz o articulista que este juiz lia ciosamente as cartas dos presos-pacientes do Manicômio. Que investigava as denúncias. Que visitava o Hospital para verificar *in loco* os fatos mencionados nas cartas.

Esse registro feito pelo antigo diretor do Manicômio mereceria ser guardado no meu baú de lembranças, para memória dos familiares, se fosse apenas um testemunho de validez pessoal. Mas está muito longe de ser apenas isto.

ESCRITOS DE UM JURISTA MARGINAL

O doente mental, em nossa sociedade, é um excluído. Uma certa visão médica coloca nele um carimbo – "insano". A lei lança sobre ele uma sentença fulminante: "incapaz", no que se refere à vida civil; penalmente irresponsável, para o Direito Criminal, mas sujeito a internamento compulsório e por prazo certo, em Manicômio Judiciário.

Como incapaz ou penalmente irresponsável, o doente mental é representado, em Juízo, por um curador, havendo ainda um órgão do Estado responsável pela guarda de seus direitos: o Ministério Público.

Mas o doente mental, propriamente dito, é um zero como pessoa. Terceiros é que falam por ele, sua vontade não conta.

De minha parte, eu nunca concordei com a visão médica e jurídica dominantes, na questão do doente mental. Para essa divergência, em relação às posições assentadas, muito contribuíram leituras e conversas. Destaco as leituras, que tive a oportunidade de fazer, de alguns livros inovadores (Foucault, Basaglia, Goffman) e as conversas mantidas com um médico psiquiatra, que é também teólogo – o Dr. Valdir Ferreira de Almeida.

Essas leituras e essas conversas levaram-me a compreender que, na escuridão de sua enfermidade, o doente mental, por mais grave que seja o seu estado, mantém um sopro de luz no seu Espírito. Como conseqüência, sempre achei que devia ser ouvido, devia poder falar, reclamar, gritar e até xingar.

Uma diligentíssima e digníssima Escrivã que serviu por muitos anos junto a minha Vara disse-me certo dia, com grande espontaneidade: "Eu acho muito engraçado, Dr. João, que o senhor conversa com os doidos como se eles fossem sadios".

Achei curiosa sua observação e ponderei em forma de pergunta: "Doidos não somos todos um pouco? Será que não se mistura em nós sanidade e insanidade, virtude e pecado, sombra e claridade?".

A pergunta ficou no ar, para nossa reflexão comum, por muito e muito tempo.

Havia um doente mental que gostava muito de ir ao Fórum. Sempre que me escrevia, eu requisitava sua presença para ouvi-lo pessoalmente. Eu o olhava dentro dos olhos e tenho absoluta convicção de que mantinha uma riquíssima comunicação com ele. Reclamava da comida (sempre a mesma), reclamava de parentes, de colegas internos, de guardas e sempre tinha sugestões a fazer e pleitos a requerer. Ficava muito satisfeito (eu sentia no seu olhar e no seu sorriso) porque tudo que ele dizia era reduzido a termo (isto é, era lavrado pela Escrivã e devidamente assinado por ele, pelo promotor e por mim). Também tinha orgulho de saber escrever muito bem o seu nome, com uma letra firme e até mesmo, poderia dizer, bonita. Escrevia com letra grande, de modo que seu nome ficava sempre como o mais destacado na folha.

Gosto muito de Machado de Assis. Um conto desse mestre da alma humana tem muita ligação com as reflexões deste artigo. Trata-se de "O Alienista", aquele conto no qual Machado de Assis fala de um médico que diagnosticou doença mental em todos os habitantes de uma cidade do interior.

O conto de Machado de Assis comporta várias leituras. Para os propósitos deste artigo, eu meditaria apenas num aspecto desse fino conto. As limitações, as doenças, os vícios e as contingências marcam a condição humana.

Sem dúvida, também um outro escritor teve razão. Refiro-me a Jorge Luis Borges, quando lamentou não ter errado mais na vida.

Tudo que destoa disso, a meu ver, é hipocrisia. Isto de etiquetas rígidas, isto de julgamentos inquestionáveis, isto de dividir os homens em santos e pecadores não tem nada de científico, nem de ético, nem de humano.

Belos doentes mentais que me ensinaram tanta coisa bonita, nesta vida!

ESCRITOS DE UM JURISTA MARGINAL

39 – O samba da Mangueira exalta a paz

Este texto foi publicado no Jornal do Brasil, na edição de 9 de março de 2003.

Elogiando o tema escolhido pela Mangueira para o Carnaval de 2003, a página é uma exaltação à Paz.

A Paz tem de ser cultivada no coração da Humanidade, motivo que levou o autor a louvar com entusiasmo e emoção a tradicional escola de samba carioca, pela inestimável contribuição que deu à "cultura da Paz".

A Paz há de ser tecida também através do Direito. Ao se referir ao papel do jurista como artesão da Paz, o autor relembra que, quando criança, datilografou para seu Avô materno um livro em defesa da Paz.

"O samba da paz canta a saga da liberdade". Eis o belo e oportuno grito da Mangueira na Marquês de Sapucaí.

Com seu enredo, no Carnaval deste ano, a Mangueira prestou um relevante serviço ao que chamamos de "cultura da paz".

A "cultura da paz" é mais efetiva que quaisquer mecanismos de fiscalização e controle que sejam estabelecidos para fazer que vigore a paz.

Organização das Nações Unidas, celebração de pactos, instituição de mecanismos de controle – tudo isso é importante na defesa da paz.

Entretanto, a nosso ver, uma cultura da paz é decisiva para a vigência efetiva e plena desse valor, no mundo, na vida concreta dos povos. Ou dizendo de outra forma: ONU, pactos, mecanismos controladores exigem como pressuposto uma "cultura da paz".

Essa cultura da paz planta-se na consciência dos seres humanos, resulta de uma busca da inteligência e da vontade.

Cultura da paz, devotamento à paz, absorção da idéia da necessidade da paz, disseminação do sentido de paz em todo o organismo social, em nível nacional e em nível internacional – este é o desafio que cabe enfrentar.

É dentro dessa linha de idéias que o desfile da Mangueira traduziu a vocação do Brasil para a Paz e constituiu-se numa aula de Ética e Cidadania.

Em nível pessoal, a Mangueira mais ainda me emocionou porque me trouxe um reencontro com a infância.

Lembrei-me dos tempos em que, criança ainda, em Cachoeiro de Itapemirim, eu datilografava para meu Avô materno os originais de dois livros que ele escreveu.

O primeiro livro foi *"A Civilização e sua Soberania"*, defendendo justamente a idéia de que a Civilização, o entendimento, o respeito recíproco entre as Nações deve reger a História humana. O caminho não é a barbárie, a opressão, a prepotência.

O segundo livro foi *"O Sol do Pacifismo"*, um complemento poético do primeiro livro. Digo "um complemento poético" porque, em seguimento às teses jurídicas do primeiro livro, o segundo livro aponta para a Paz como expressão do Bem e da Beleza a luzir nos horizontes do futuro.

Não é encargo pequeno voltar-se contra os interesses das indústrias de armamento. Não é fácil opor-se à fome de petróleo que pretende submeter os povos ao jugo da ambição insaciável. Não é empresa simples opor a informação correta à propaganda falsa que coloca, como razões da guerra, mentiras ardilosas. Não é tarefa, senão de Hércules, sustentar a vigência do Direito Inter-

ESCRITOS DE UM JURISTA MARGINAL

nacional quando um país poderoso sente-se no "direito" de "fazer a lei".

Não importa se seremos capazes de deter a guerra. Neste momento de arrogância bélica, é preciso que ecoe a voz do Profeta. E a Profecia – coisas mesmo deste Brasil misterioso – a Profecia falou através da Mangueira.

Por todas essas razões é que me emocionei com os sambistas que, na alegria pujante do Carnaval, cantaram a Paz, na saga da Liberdade.

40 – Meu professor de Direito Romano

O que justifica a presença deste texto neste livro, como "escrito de um jurista marginal", é o uso que faço do Direito Romano.
Com freqüência imputa-se ao Direito Romano a marca do conservadorismo. O Direito Romano seria assinalado por um grande desenvolvimento do Direito Privado, sem contribuição a uma visão publicista do Direito.
Parece-me que há um grande equívoco nisso.
O que tentamos mostrar é justamente o oposto: a utilização do Direito Romano para fundamentar uma concepção progressista do Direito e do trabalho do jurista.
Neste texto as reflexões sobre o Direito Romano tiveram como ponto de partida a homenagem tributada a meu professor dessa disciplina.
Rememorando Jair Etienne Dessaune como professor, presto um depoimento. Falo do "meu professor de Direito Romano".

Era o ano de 1954. Aprovado nos Exames Vestibulares, eu ingressava na Faculdade de Direito do Espírito Santo. O curso era seriado, e não em semestres, como hoje. O currículo era fixo, com disciplinas determinadas. Não havia a possibilidade de uma Faculdade organizar seu próprio currículo, e nem havia muito menos a chance de o aluno escolher as matérias que mais lhe agradassem ou pelas quais maior interesse tivesse.

No primeiro ano do Curso de Direito, as disciplinas, todas obrigatórias, eram: Introdução à Ciência do

ESCRITOS DE UM JURISTA MARGINAL   **131**

Direito, Teoria Geral do Estado, Economia Política e Direito Romano.

Na nossa Faculdade, essas cadeiras estavam a cargo, respectivamente, dos professores Korciusko Barbosa Leão, Ademar Martins, José Santos Neves e Jair Etienne Dessaune.

Em diversas cadeiras, no correr de todo o Curso de Direito, ao lado do professor titular havia um professor assistente, indicado pelo titular. Quase sempre o assistente era alguém da família do titular. Isto acontecia, não apenas no Espírito Santo como, em regra, nos outros Estados. Jair Dessaune, que não concordava com esse sistema, absteve-se de indicar assistente. Creio que esta foi a primeira lição ética que recebi dele.

À margem de não indicar assistente, Jair Dessaune lutou de maneira firme e constante para que se realizassem concursos públicos na Faculdade, como forma honesta e ao mesmo tempo eficaz de recrutar bons professores.

Como traçar, numa primeira abordagem, mais geral, o perfil de Jair Dessaune como professor?

O que mais impressionava àqueles jovens que chegavam à Faculdade, animados do entusiasmo do primeiro encontro com a Ciência do Direito?

A assiduidade e a pontualidade podiam ser observadas já nos primeiros contactos. Jair Dessaune nunca faltava às aulas e fazia questão também de ser pontual.

Naquela época não se tinha muita compreensão da importância da didática. Prevalecia a idéia de que, no professor, o essencial era a substância do que tinha a ensinar. Daí que alguns professores, de maneira extremamente natural, dessem aula sentados nas suas cátedras. A própria palavra "cátedra", de origem grega (kathédra), significava a "cadeira professoral".

Jair Dessaune antecipou-se a seu tempo, no que se refere ao extraordinário realce que dava à didática. Não apenas tinha vasto conhecimento da matéria ensinada, como utilizava os mais diversos recursos didáticos:

aulas de pé, voz clara e altissonante, uso do quadro negro, sinopses, ampla indicação de leituras complementares, participação dos alunos na exposição, debate dos temas, apresentação de mapas quando o assunto exigia a localização das questões num determinado espaço geográfico etc.

E talvez o mais importante de tudo: Jair Dessaune transmitia aos alunos a sua paixão pelo Direito Romano. Mostrava a beleza do Direito Romano e tinha a preocupação de realçar a influência do Direito Romano no Direito brasileiro, de modo que os alunos compreendessem que aquele estudo era imprescindível à formação do jurista.

Não fosse a advertência do professor, poderia parecer aos jovens que o Direito Romano seria uma viagem apenas poética pelos caminhos da História. Afinal, iríamos nos debruçar sobre um conjunto de normas e princípios jurídicos que vigoraram em Roma, e no seu Império, durante cerca de doze séculos, ou seja, desde a suposta fundação da cidade (753 a.C.), até a morte do imperador Justiniano (565 d.C.).

Escrever este texto sobre Jair Dessaune relembra minha própria juventude. Traz à memória a figura de Augusto Lins, advogado, meu tio, em cuja casa, localizada na Praça João Clímaco, em frente à Faculdade de Direito, eu fiquei hospedado durante todo o meu tempo de estudante de Direito.

Esta reminiscência traz à tona as primeiras lições de Direito Romano, muito bem transmitidas pelo Professor Jair Dessaune, tanto que até hoje estão gravadas na mente.

Ficava bem claro que havia pontos a memorizar – as fases do Direito Romano, por exemplo. Contudo, mais importante que essas memorizações seria penetrar no espírito do Direito Romano.

Recapitulo num agradável jogo de memória as fases do Direito Romano a que me referi:

ESCRITOS DE UM JURISTA MARGINAL

a) fase monárquica, que vai da fundação da cidade (753 a.c.) até a implantação da República (510 ou 509 a.C.);

b) fase republicana, de 510 ou 509 a.c. até a implantação do Principado, por Augusto (27 a.c.);

c) fase do Principado, de Augusto até o imperador Diocleciano (284 d.c.);

d) fase da monarquia absoluta, que vai de Diocleciano (284 d.c.), até a morte de Justiniano (565 d.C.).

Grande realce era dado pelo Professor Jair Dessaune à Lei das Doze Tábuas (450 a.c.), considerada a base do desenvolvimento do Direito, por obra da jurisprudência.

No Período do Principado, Roma alcança o seu maior esplendor. O imperador começa a fruir de um poder crescente, fundado no prestígio pessoal (*auctoritas*), que o coloca muito acima dos titulares de outras funções públicas. O imperador detinha o poder maior, incontrastável, resumido nesta frase que o coloca como o primeiro: *primus inter pares*.

No ano 322, Constantino reconhece o Cristianismo como religião oficial do Império, pelo Edito de Milão.

Este mergulho no tempo também traz à minha mente e sensibilidade os grandes autores indicados por Jair Dessaune: Fustel de Coulanges (A Cidade Antiga), José Carlos Matos Peixoto, Ebert Chamoun.

Com que admiração nós, jovens estudantes, nos debruçávamos diante dos grandes monumentos do gênio jurídico romano:

Corpus Juris Civilis (compilação do Direito Romano mandada fazer pelo imperador Justiniano);

Código (ou *Codex*), que consolidou as *leges* existentes;

Digesto (que significa "metodicamente classificado") ou *Pandectas*, que firmou o Direito não compilado (*iura*) e consistente nas obras dos antigos jurisconsultos;

Institutas (compêndio para ensino do Direito);

Novelas, que acrescentou melhoramentos na legislação, à medida das necessidades que surgiam.

O Direito Romano é um legado à cultura jurídica dos povos, por várias razões e, especialmente, pela construção harmoniosa e cuidadosa, pelo cultivo do Direito como ciência e pelos primorosos preceitos construídos pelos seus grandes jurisconsultos.

Muitos ensinamentos do Direito Romano constituem estrela para o jurista brasileiro hoje.

Quantas vezes, na minha vida de juiz, as inspirações do Direito Romano me socorreram.

Em 9 de outubro de 1978, na 1ª Vara Criminal de Vila Velha, absolvi sumariamente um acusado por crime de sedução, sem esperar o trâmite final do processo porque ficou provado nos autos que a suposta vítima da sedução era maior, quando o fato ocorreu. (Processo n. 3.778). Apliquei analogicamente o Código de Processo Civil que recepciona o "julgamento antecipado da lide". Na época não havia essa previsão no Código de Processo Penal. Para fundamentar meu entendimento vali-me expressamente da máxima do Direito Romano, concebida por Cícero: *summum jus, summa injuria*. Seria a máxima negação do Direito (*summa injuria*) impor ao réu todo o itinerário de um processo penal, de todo abusivo e imprestável, pela simples submissão cega ao preceito legal (*summum jus*).

Em 4 de outubro de 1979, também na 1ª Vara Criminal de Vila Velha, absolvi um acusado de roubo porque só havia contra ele o testemunho da vítima. (Processo n. 3.759). A tendência do ofendido para uma avaliação inexata ou uma interpretação errônea é natural. Arrisca-se o magistrado a cometer um erro judiciário no caso de fiar-se apenas no que diz a vítima Este ensino vem do Direito Romano, que expressamente invoquei na sentença proferida: *Nullus idoneus testis in re sua intelligitur*.

Para deferir uma exumação, necessária ao esclarecimento de um crime (4 de maio de 1976, 3ª Vara Criminal de Vitória), invoquei expressamente a lição de Celso – *Jus est ars boni et aequi* (O Direito é a arte do bom e do justo).

Na Vara Cível de Barra de São Francisco (1973), socorri o autor que, numa ação, pleiteava o cumprimento de um contrato feito por instrumento particular, quando a lei exigia instrumento público. O réu sabia que o instrumento público era legalmente previsto, mas fez o negócio por instrumento particular com a intenção de não cumprir o contrato e lesar o outro contratante. Baseei-me no Direito Romano para proferir a sentença que validou, naquela hipótese, o contrato celebrado por instrumento particular. Meu mestre, no caso, foi Tertuliano: *Justitia est constans et perpetua voluntas suum cuique tribuere*. (Justiça é a constante e perpétua vontade de dar o seu a seu dono).

Na Vara Cível de Vila Velha (1981), neguei o despejo de um inquilino que não estava pagando os aluguéis. Segundo provado nos autos, no imóvel sob despejo morava um casal idoso. O marido estava com doença incurável, em fase terminal. Mandei que o processo ficasse suspenso, enquanto durasse aquela situação aflitiva. O socorro para assim agir me veio do jurisconsulto romano Paulo: *"Non omne quod licet honestum est"*. (Nem tudo que é lícito é honesto).

Jair Etienne Dassaune abriu para minha geração, no Espírito Santo, o universo do Direito Romano.

Na oportunidade de tantas rememorações, convido os jovens estudantes e os jovens juristas para que estudem o Direito Romano, mesmo que esta disciplina não faça ou não tenha feito parte do seu currículo acadêmico.

Devemos buscar todos os caminhos e luzes para instaurar, no convívio social, a bússola da Justiça.

Entrevista: Legitimidade dos movimentos sociais

O autor concedeu ao jornal "A Gazeta", de Vitória, uma entrevista que foi publicada com destaque, em edição dominical do matutino capixaba, ou seja, no dia 10 de agosto de 2003..

Como já fez em outros livros, o autor fecha este volume com uma entrevista, por acreditar que, nessa forma de comunicação, jornalistas inteligentes e competentes como Andréia Lopes conseguem, com arguta provocação, retirar muito do pensamento do entrevistado. Freqüentemente, nos textos expositivos as idéias não aparecem de forma tão contundente.

Segue-se a íntegra da entrevista.

"O Governo precisa das pressões dos movimentos sociais"

Andréia Lopes

No início da década de 70, o então juiz João Baptista Herkenhoff presidia a Comissão de Justiça e Paz, uma entidade ligada principalmente à Igreja católica e que dava voz aos movimentos sociais em plena ditadura militar. Por causa de sua participação na Comissão, Herkenhoff teve que responder a um processo interno no Tribunal de Justiça. Hoje, aos 67 anos e já tendo atuado como magistrado e promotor, ele está aposentado, mas dá aulas e seminários por todo o país. Na semana passada, o mestre em Direito e pós-doutor nos Estados Unidos e na França, foi homenageado na OAB de Cachoeiro de Itapemirim com o título de Advogado do Ano. Em entrevista para A GAZETA, o professor fala sobre os conflitos enfrentados pelo Governo Lula e os movimentos sociais. Com opiniões firmes, e na maioria das vezes polêmicas, ele diz que, através do movimento social, o país pode mudar. Diz também que o presidente Lula nada parece com o ex-presidente João Goulart, e que o país precisa estar atento ao possível reaparecimento de uma direita ultraconservadora.

A Gazeta – Como o senhor avalia o enfrentamento entre os movimentos sociais e o Governo Lula?

Herkenhoff – Primeiramente, eu digo que a legitimidade dos movimentos sociais está associada à própria existência da democracia. Onde há democracia, há o reconhecimento dos movimentos sociais, que são expressões coletivas de manifestação da sociedade civil organizada. O presidente Lula emergiu dos movimentos sociais. Ele foi dirigente sindical, fundador do PT, um partido que surgiu de baixo para cima. Quando Lula assume o poder, começam a acontecer contradições dentro do próprio poder. Primeiro, ele precisa de uma base parlamentar e, para tê-la, fez uns acordos até de certa forma estranhos. Acordos que não têm coerência com a postura que ele mantém. E, agora, os movimentos sociais estão aí. E, a meu ver, eles têm que pressionar o Governo. Se os movimentos sociais pressionam, eles estão ajudando o Governo. O poder é um choque de pressões. Quem não gosta de sofrer pressão não pode ocupar nem uma prefeitura.

A Gazeta – Mas não está havendo uma pressão exacerbada?

Herkenhoff – Sempre houve pressão das classes dominantes. A pressão dos poderosos sempre foi uma pressão monumental. Eles nem precisam se organizar muito para fazer pressão. Um simples jantar de 10 cabeças reúne, talvez, as forças econômicas mais importantes do Brasil. Os trabalhadores, os funcionários públicos, os sem-terra, os sem-teto têm que se organizar para fazer suas reivindicações. Ao se organizarem, é absolutamente coerente e legítimo que façam pressão. Um Governo, mesmo aquele que se propõe a ser um Governo popular, precisa da pressão dos movimentos sociais para tomar decisões favoráveis ao avanço social.

A Gazeta – Mas e os excessos, como a depredação do Congresso?

Herkenhoff – Não se pode admitir, de maneira alguma, a violência. A violência não avança, a violência retarda. A invasão e a quebradeira na Câmara dos Deputados não foi um episódio bom. Eu só me indago se não há infiltração. E ela é muito comum. Muitas vezes, quem assume determinadas atitudes de violência são os infiltrados, que querem, através de atos de vandalismo, tirar a legitimidade dos movimentos sociais. É muito comum que, logo de pronto, se estabeleça um julgamento. E quem diz que são os movimentos sociais que estão fazendo isso? Quem disse que ali no meio não há pessoas infiltradas? A investigação precisa ser correta e honesta.

A Gazeta – E o caso das polêmicas declarações do líder do MST, João Pedro Stédile?

Herkenhoff – Eu acho que as declarações dele foram muito deformadas. Na verdade, o que ele falou é que os fazendeiros são poderosos, e que, para enfrentar o poder do latifúndio, o poder da União Democrática Ruralista (UDR), os trabalhadores também têm que se organizar. E é verdade. Para a luta armada, não. Não acho que seja para a luta armada e nem acho que ele tenha falado isso.

A Gazeta – Mas quando vemos cenas de sem-terra de um lado, fazendeiros do outro e a polícia no meio, não parece uma cena de guerra?

Herkenhoff – Eu acho que o melhor antídoto é fazer a reforma agrária. Por que a reforma não foi feita até hoje? A história do Brasil está errada desde o início, porque enquanto em países como Estados Unidos o que legitimou a terra foi o trabalho, o Brasil criou o cartório. Então, a pessoa, sem nem ir à terra, tornava-se proprietário. Isso é o título do proprietário acima da legitimidade. A terra é um bem de natureza humana. É como a água. Imagine se alguém se apropriasse de toda água e começasse a vender. Imagine alguém que quisesse vender o oxigênio? São bens de natureza social. Não são bens para serem explorados de maneira egoísta. Não se pode fazer da terra um bem de capital, ela é um bem de trabalho. O que legitima o uso da terra é o uso social, isso está escrito na Constituição.

A Gazeta – Mas no caso desses enfrentamentos, isso não acaba contribuindo para construir um clima de instabilidade social e até econômica para o país?

Herkenhoff – É claro que tem que haver muita habilidade, prudência. É preciso que os grandes líderes do país assumam suas posições, é preciso que haja posição da Igreja, dos intelectuais, de buscar um encaminhamento civilizado. Obviamente que o encaminhamento não é com a violência, com o assassinato, com os choques.

A Gazeta – O senhor é a favor das ocupações de terra?

Herkenhoff – Ocupação de terra improdutiva, ou melhor, de terra abandonada, num país em que tanta gente precisa de terra, é legítima. Invasor é quem tem terra e não a faz produtiva. É preciso que haja políticas sociais. E por que o país não tem dinheiro para as políticas sociais? Porque é muito explorado internacionalmente. Não se pode esquecer a antena externa. Não se pode deixar de lado o exame das causas internacionais. Eu acho lamentável, por exemplo, quando se fala em pagamento de juros sem distinguir o que é dívida externa e o que é dívida interna. Essa mistura é altamente maliciosa. Se for revelado para o povo, a maior parte dos juros são da dívida externa, que é uma dívida impagável, que cada vez aumenta mais.

A Gazeta – Que avaliação o senhor faz da presença da tropa de choque da Polícia Militar na Câmara dos Deputados?

Herkenhoff – Só quem pode pedir forças para o Parlamento é o próprio presidente do Parlamento. Uma tropa não pode invadir uma sede de Poder Legislativo sem requisição do próprio presidente. E se o presidente requisita tropas, essas tropas têm que ficar no limite da defesa do patrimônio. Não pode é agredir o povo. Elas têm que defender o bem público, não é possível tolerar a depredação da Câmara e do Senado. Isso atenta contra a civilidade

---

ESCRITOS DE UM JURISTA MARGINAL

e a convivência democrática. Se a tropa defende o patrimônio, sem atacar ninguém, é legítimo. É preciso defender a instituição parlamentar de atos de vandalismo.

A Gazeta – Mas o senhor acha que o Governo do PT está tendo habilidade para lidar com esse tipo de manifestação?

Herkenhoff – Eu acho que já houve no Brasil manifestações parecidas, até piores. Felizmente que até agora não morreu ninguém. E que não morra, porque será trágico. Por isso é preciso ter ponderação e sabedoria na condução dessas coisas. Para evitar que um elemento infiltrado, que não quer a democracia, crie uma conturbação social. Tem que haver providência. A invasão da Câmara dos Deputados, por exemplo, foi toda filmada. Tem que analisar esses filmes, ver quem são essas pessoas.

A Gazeta – No cenário nacional, algumas lideranças têm falado que a crise pela qual passa o país deixa um clima de instabilidade que remete à época do ex-presidente Jânio Quadros. O que o senhor acha?

Herkenhoff – Não concordo. Eu acho que o Lula tem uma legitimidade muito grande. Foi eleito pela maioria do povo brasileiro e segundo as pesquisas continua apoiado pela maioria. Quanto ao Jânio, coitado, ele era uma pessoa desequilibrada, e que Deus o tenha, porque ele já morreu. O Lula tem equilíbrio. O Lula às vezes não é muito feliz nas palavras. Criou-se, por exemplo, uma grande celeuma em torno das questões do Judiciário, quando ele falou na caixa-preta. Ele não foi muito hábil no falar. Ele é o oposto do mineiro, que não fala nada. O Lula fala pelos cotovelos.

A Gazeta – Esse excesso de falas e esse clima provocado pelos movimentos sociais pode acabar abrindo espaço para o aparecimento de uma direita ultraconservadora?

Herkenhoff – A direita ultraconservadora está aí. Ela está aí no Brasil e no mundo inteiro. E pode se valer de qualquer pretexto para atacar. Eu acho que aqueles que querem o avanço do Brasil têm de ter cuidado para não proporcionar à direita conservadora argumentos. Eu acho que os movimentos sociais têm que se policiar, para evitar as infiltrações. O próprio Estado tem o direito e o dever de prevenir esse tipo de infiltração. Uma pessoa armada num protesto, por exemplo, não pode ser tolerada. Uma passeata é um ato pacífico. À medida que os movimentos sociais aumentam seu poder e começam a ter força de pressão muito grande, eles podem fazer mudança. Porque os movimentos sociais podem provocar mudanças importantes no Brasil. Eles podem acelerar o processo de reforma agrária. Aqueles que não querem a reforma vão olhar com maus olhos esses movimentos.

A Gazeta – Sobre a a reforma da Previdência, qual é a opinião do senhor, principalmente em relação ao subteto do Judiciário?

Herkenhoff – Eu acho que todos os privilégios precisam ser combatidos. E há privilégios. Nós temos no Brasil, por exemplo, o chamado bidesembargador, que é uma pessoa que faz uma carreira, chega ao ápice da carreira num Estado, e entra na magistratura de outro Estado. Isso é uma coisa absurda. É um acúmulo de ordenados. Além disso, é uma afronta à juventude, porque está tirando a oportunidade dos jovens.

A Gazeta – Há casos como esse no Estado?

Herkenhoff – Tem no Espírito Santo. Só que não vou citar nomes.

A Gazeta – E em relação ao subteto, qual é a posição do senhor?

Herkenhoff – Em relação a vencimentos de um modo geral, tem gente ganhando muito mais que isso. Há salários absurdos. Eu acho que há outros abusos além do subteto. Eu acabei de citar um, que é o bidesembargador, fato que acontece no Brasil todo. Outro tipo de abuso: tem altos salários que vão muito além de qualquer teto, até do teto máximo reivindicado pelos juízes. Há salários na Justiça que estão fixados no dobro do teto desejado pelos juízes. Eu quero saber se esse subteto de agora será cumprido. É preciso verificar os salários que suplantam e muito o teto. E nós temos que compreender que o nosso bem coletivo está acima do nosso bem individual.

A Gazeta – O senhor, que é aposentado, é a favor da taxação dos inativos?

Herkenhoff – Eu acho que, se for para o equilíbrio das contas, temos que aceitar. Temos que ter espírito público. E isso está meio em desuso. Se uma determinada medida vai me afetar e se vai equilibrar a Previdência, não pode haver egoísmo. É preciso concordar com mudanças que sejam pelo bem coletivo. Na minha geração isso foi muito debatido. E as pessoas da minha geração também esqueceram isso, porque ficam no roldão dessa sociedade de hoje, onde as pessoas inverteram valores. Vivemos numa sociedade materialista e é por isso que as pessoas lutam por qualquer migalha. Eu faço uma análise mais geral, já que não sou um representante classista. Se é preciso fazer cortes, todos precisam estar preparados para aceitar. Se não houver desonestidade nessas providências, eu sou a favor.

ESCRITOS DE UM JURISTA MARGINAL

Livros do autor, com registro das sucessivas edições:

1. O ensino de Organização Social e Política Brasileira, na escola de grau médio. Cachoeiro de Itapemirim, ES, edição mimeografada, 1963. Esgotado.
2. Na Tribuna do Ministério Público. Cachoeiro de Itapemirim, Editora Marjo, 1965. Esgotado.
3. Pela Justiça, em São José do Calçado. São José do Calçado/ES, 1971. Impresso na Escola de Artes Gráficas da União dos Lavradores de Vala do Souza. Esgotado.
4. Considerações sobre o Novo Código de Processo Civil. Porto Alegre, Ajuris, 1974 (Prêmio André da Rocha, ano de 1973, conferido pela Associação de Juízes do Rio Grande do Sul – 1° lugar em Concurso Nacional de Monografias). Esgotado.
5. A Função Judiciária no Interior. São Paulo, Resenha Universitária, 1977. Esgotado.
6. Como Aplicar o Direito (à Luz de uma Perspectiva Axiológica, Fenomenológica e Sociológico-Política). Rio, Forense, 1979 (1ª edição), 1986 (2ª edição, revista, ampliada e atualizada), 1994 (3ª edição, novamente revista, ampliada e atualizada), 1997 (4a. edição, mais uma vez revista e atualizada), 1999 (5ª e 6ª edições), 2001 (7ª edição), 2002 (8ª edição) e 2003 (9ª edição).
7. Uma Porta para o Homem no Direito Criminal. Rio, Forense, 1980 (1ª edição), 1988 (2ª edição, corrigida e acrescida), 1999 (3ª edição) e 2000 (4ª edição).
8. 1.000 Perguntas: Introdução à Ciência do Direito. Rio, Editora Rio, 1982. Esgotado.
9. Como Participar da Constituinte. Petrópolis, Editora Vozes, 1985 (1ª e 2ª edições), 1986 (3ª edição atualizada, 4ª, 5ª e 6ª edições). Esgotado.
10. Introdução ao Estudo do Direito (a partir de perguntas e respostas). Campinas, Julex Livros, 1987. Esgotado.
11. Constituinte e Educação. Petrópolis, Editora Vozes, 1987. Esgotado.
12. Crime, Tratamento sem Prisão. Petrópolis, Editora Vozes, 1987 (1ª edição). Porto Alegre, Livraria do Advogado Editora, 1995 (2ª edição, revista e acrescida) e 1998 (3ª edição, revista e acrescida).
13. Dilemas da Educação – dos Apelos Populares à Constituição. São Paulo, Cortez Editora/Autores Associados, 1989. Esgotado.
14. Direito e Utopia. São Paulo, Editora Acadêmica, 1990 (1ª edição) e 1993 (2ª edição). Porto Alegre, Livraria do Advogado Editora, 1999 (3ª edição revista e atualizada), 2001 (4ª edição) e 2004 (5ª edição).

15. Instituições de Direito Público e Privado. São Paulo, Editora Acadêmica, 1992. Esgotado.
16. O Direito dos Códigos e o Direito da Vida. Porto Alegre, Sérgio Antonio Fabris – Editor, 1993. Em fase final de preparação para a reedição.
17. Para gostar de Direito – Carta de iniciação para gostar do Direito. São Paulo, Editora Acadêmica, 1994 (1ª edição), 1995 (2ª edição). Porto Alegre, Livraria do Advogado Editora, 2000 (3ª edição), 2001 (4ª edição) e 2003 (5ª edição).
18. Gênese dos Direitos Humanos. São Paulo, Editora Acadêmica, 1994 (1a edição). Aparecida (SP), Editora Santuário, 2002 (2ª edição).
19. Para onde vai o Direito? Porto Alegre, Livraria do Advogado Editora, 1996 (1ª edição), 1997 (2ª edição) e 2001 (3ª edição).
20. 1000 Perguntas – Introdução ao Direito. Rio de Janeiro, Thex Editora – Biblioteca da Universidade Estácio de Sá, 1996 (1ª edição) e 2000 (2ª edição).
21. Ética, Educação e Cidadania. Porto Alegre, Livraria do Advogado Editora, 1996 (1ª edição) e 2001 (2ª edição).
22. ABC da Cidadania. Vitória, Secretaria de Cidadania da Prefeitura Municipal de Vitória, 1996 (1ª edição) e 1997 (2ª edição). Em ambas as edições: 10 mil exemplares, distribuição gratuita. Esgotado.
23. Direitos Humanos – a construção universal de uma utopia. Aparecida (SP), Editora Santuário, 1997 (1ª edição), 2001 (2ª edição) e 2002 (3ª edição).
24. O Direito Processual e o Resgate do Humanismo. Rio de Janeiro, Thex Editora, 1997 (1ª edição) e 2001 (2ª edição).
25. Direitos Humanos – uma idéia, muitas vozes. Aparecida (SP), Editora Santuário, 1998 (1ª edição), 2000 (2ª edição) e 2001 (3ª edição).
26. Agenda da Cidadania (concebida pela Secretaria Municipal de Cidadania da Prefeitura Municipal de Vitória). Redação dos comentários à Declaração Universal dos Direitos Humanos. Seleção, com Vera Viana, de frases sobre Cidadania e Direitos Humanos, para a reflexão diária. Esgotado.
27. Fundamentos de Direito. Rio de Janeiro, Editora Forense, 2000 (1ª edição) e 2001 (2ª edição).
28. Justiça, direito do povo. Rio de Janeiro, Thex Editora, 2000 (1ª edição) e 2002 (2ª edição).
29. Como funciona a Cidadania. Manaus, Editora Valer (Coleção "Como funciona"), 2000 (1ª edição) e 2001 (2ª edição). Esgotado.
30. Ética para um mundo melhor – Vivências, experiências, testemunhos. Rio de Janeiro, Thex Editora, 2001 (1ª edição) e 2002 (2ª edição).
31. Cidadania para todos. Rio de Janeiro, Thex Editora, 2001 (1ª edição) e 2002 (2ª edição).
32. Movimentos Sociais e Direito. Porto Alegre, Livraria do Advogado Editora, 2004.
33. Direito e Cidadania. São Paulo, Uniletras, 2004.
34. Escritos de um jurista marginal. Porto Alegre, Livraria do Advogado Editora, 2005.
35. Escritos marginais de um jurista, Porto Alegre, Livraria do Advogado Editora, 2005.

ESCRITOS DE UM JURISTA MARGINAL

Referências bibliográficas
(obras citadas ou consultadas):

ANDRADE, Carlos Drummond de. *Obras Completas*. Rio de Janeiro: Aguilar, 1964.

ANDRADE, Lédio Rosa de. *Juiz Alternativo e Poder Judiciário*. São Paulo: Acadêmica, 1992.

AQUINO, Tomás de. *Suma Teológica* (Questões LVII e LVIII). Traduzido por Alexandre Correia. In: *Textos de Filosofia Geral e Filosofia do Direito*. (Aloysio Ferraz Pereira, organizador.) São Paulo: Revista dos Tribunais, 1980.

ARISTÓTELES. *Ética a Nicômaco*. São Paulo: Abril Cultural, 1973.

BALMARY, Marie. *Les Lois de l'Homme*. In: Etudes. Paris: Assas Editions, tome 375, n. 1-2, juillet-août 1991.

BARROS, Wellington Pacheco. *Dimensões do Direito*. Porto Alegre: Livraria do Advogado Editora, 1995.

FROSSARD, André. *Les grands bergers – d'Abraham à Karl Marx*. Paris: Desclée de Brouwer, 1992.

BRAGA, Newton. *Poesia e Prosa*. Rio de Janeiro: Editora do Autor, s/d.

BRECHT, Bertolt. "O Círculo de Giz Caucasiano", In: *Teatro*, vol 3, traduzido por Geir Campos. Rio de Janeiro: Civilização Brasileira, 1977.

CHAMOUN, Ebert. *Instituições de Direito Romano*. Rio de Janeiro: Forense, 1954.

COULANGES, Fustel de. *A Cidade Antiga*. Lisboa: Livraria Clássica Editora, 1945.

FONSECA, Roberto Piragibe da. *Introdução ao Estudo do Direito*. Rio de Janeiro: Freitas Batos, 1975.

FOUCAULT, Michel. Vigiar e Punir. Tradução de Lígia M. Pondé Vassallo. Petrópolis: Vozes, 1977.

FRAGOSO, Heleno Cláudio. "Anjuridicidade", *in: Revista Forense*. Rio de Janeiro: vol. 208, out./dez. 1964.

——. *Direito Penal e Direitos Humanos*. Rio de Janeiro: Forense, 1977.

GENRO, Tarso Fernando. "Os juízes contra a lei". In: *Lições de Direito Alternativo*. São Paulo: Editora Acadêmica, 1991.

A Função Judiciária no Interior. São Paulo: Resenha Universitária, 1977.

GOFFMAN, E. *Manicômios, prisões e conventos*. São Paulo: Perspectiva, 1974

HERKENHOFF, João Baptista. *A Função Judiciária no Interior*. São Paulo: Resenha Universitária, 1977.

——. *Como Aplicar o Direito (à luz de uma perspectiva axiológica, fenomenológica e sociológico-política)*. Rio de Janeiro: Forense, 1979.

——. *Crime, Tratamento sem Prisão*. Petrópolis: Editora Vozes, 1987.

——. *Direitos Humanos – a construção universal de uma utopia*. 3ª ed. Aparecida (SP): Editora Santuário, 2002.

——. *Direitos Humanos – uma idéia, muitas vozes*. 3ª ed. Aparecida (SP): Editora Santuário, 2003.

——. *Ética, Educação e Cidadania*. 2ª ed. Porto Alegre: Livraria do Advogado Editora, 2001.

——. *Gênese dos Direitos Humanos*. 2ª ed. Aparecida (SP): Editora Santuário, 2002.

——. *Movimentos Sociais e Direito*. Porto Alegre: Livraria do Advogado Editora, 2004.

——. *Para onde vai o Direito?* 3ª ed. Porto Alegre: Livraria do Advogado Editora, 2001.

——. *Pela Justiça, em São José do Calçado*. São José do Calçado/ES: 1971. Impresso na Escola de Artes Gráficas da União dos Lavradores de Vala do Souza.

——. *Uma porta para o homem no Direito Criminal*. Rio de Janeiro: Editora Forense, 1980.

LIMA, Alceu Amoroso. *Cartas do pai*. De Alceu Amoroso Lima para sua filha madre Maria Teresa, OSB. São Paulo: Instituto Moreira Salles, 2003.

LIMA, João Batista de Souza. *As mais antigas normas de Direito*. Rio de Janeiro: Forense, 1983.

LINS, Pedro Estellita Carneiro. *A Civilização e sua Soberania*. Joinville: Typ. Boehm, s/ ano.

MELLO, Thiago de. *Faz Escuro, mas Eu Canto*. Rio de Janeiro: Civilização Brasileira, 1978.

MENANDRO, Paulo Rogério M. & Lídio de Souza. *Linchamentos no Brasil: a Justiça que não tarda, mas falha*. Vitória, Fundação Ceciliano Abel de Almeida & Centro de Estudos Gerais da Universidade Federal do Espírito Santo, 1991.

ESCRITOS DE UM JURISTA MARGINAL

MORAES, Vinicius de. "O Operário em Construção". In: *Comunicação em Língua Portuguesa*. (Primeiro Grau – 8ª série). Carlos Emílio Faraco & Francisco Marto de Moura. São Paulo: Editora Ática, 1979.

NINA, A. Della (organização e coordenação). *Dicionário Enciclopédico da Sabedoria*. São Paulo: Editora das Américas, 1955. Volume III.

PEIXOTO, José Carlos de Matos. *Curso de Direito Romano*. Tomo I – Partes introdutória e geral. 2ª ed. Rio de Janeiro: Companhia Editora Fortaleza, 1950.

PINHEIRO, Ralph Lopes. *História resumida do Direito*. Rio de Janeiro: Thex Editora, 1976.

SILVA, Antônio Fernando Amara e. *Mandar jovens de 16 anos para o sistema carcerário vai resolver o problema da criminalidade?*. In: Âmbito Jurídico, setembro de 1998. Disponível em: http://www.ambito-juridico.com.br/aj/eca0002.htm. Acesso em 18.04.2004.

SILVEIRA, Alípio. *Hermenêutica no Direito Brasileiro*. São Paulo: Editora Revista dos Tribunais, 1968, 2 vols.

SIMÕES, Carlos. *O Direito e a Esquerda (crítica dos conceitos fundamentais)*. São Paulo: Editora Acadêmica, 1994.

SOUTO, Cláudio. *Ciência do direito e ciência social: revisitando Gilberto Freyre em seu centenário*. In: "Notícia do Direito Brasileiro". Nova Série. n. 8. Universidade de Brasília: Faculdade de Direito. 2001.

SZASZ, Thomas S. *A fabricação da loucura*. Tradução de Dante Moreira Leite. Rio de Janeiro: Zahar Editores, 1978.

VARELLA, Dráuzio. *Estação Carandiru*. São Paulo: Companhia das Letras, 2001.

WOLKMER, Antônio Carlos. *Fundamentos de História do Direito*. Belo Horizonte: Del Rey, 1996.

O maior acervo de livros jurídicos nacionais e importados

Rua Riachuelo 1338
Fone/fax: 0800-51-7522
90010-273 Porto Alegre RS
E-mail: livraria@doadvogado.com.br
Internet: www.doadvogado.com.br

Entre para o nosso *mailing-list*

e mantenha-se atualizado com as novidades editoriais na área jurídica

Remetendo o cupom abaixo pelo correio ou fax, periodicamente lhe será enviado gratuitamente material de divulgação das publicações jurídicas mais recentes.

Sim, quero receber, sem ônus, material promocional das NOVIDADES E REEDIÇÕES na área jurídica.

Nome: _____

End.: _____

CEP: _____-_____ Cidade _____ UF:____

Fone/Fax: _____ Para receber pela Internet, informe seu **E-mail**: _____

_____
assinatura

Visite nosso *site*

www.doadvogado.com.br

CARTÃO RESPOSTA
NÃO É NECESSÁRIO SELAR

O SELO SERÁ PAGO POR

LIVRARIA DO ADVOGADO LTDA.
90012-999   Porto Alegre   RS